临金高速公路临安至建德工程
安全生产"1+3+1"标准化建设

杭州临建高速公路工程建设指挥部 编

浙江工商大学出版社
ZHEJIANG GONGSHANG UNIVERSITY PRESS

·杭州·

图书在版编目(CIP)数据

临金高速公路临安至建德工程安全生产"1+3+1"标
准化建设．1，管理篇 ／ 杭州临建高速公路工程建设指挥
部编．— 杭州 ：浙江工商大学出版社，2024.6
　ISBN 978-7-5178-5971-0

　Ⅰ．①临… Ⅱ．①杭… Ⅲ．①高速公路－工程施工－
安全管理－标准化管理－浙江 Ⅳ．① U415.12−65

中国国家版本馆 CIP 数据核字 (2024) 第 048468 号

临金高速公路临安至建德工程安全生产"1+3+1"标准化建设
LIN-JIN GAOSU GONGLU LIN'AN ZHI JIANDE GONGCHENG ANQUAN
SHENGCHAN "1+3+1" BIAOZHUNHUA JIANSHE

杭州临建高速公路工程建设指挥部 编

策划编辑	郑　建
责任编辑	李兰存
责任校对	都青青
封面设计	望宸文化
责任印制	包建辉
出版发行	浙江工商大学出版社

（杭州市教工路 198 号　邮政编码 310012）

（E-mail：zjgsupress@163.com）

（网址：http://www.zjgsupress.com）

电话：0571-88904980，88831806（传真）

排　　版	杭州彩地电脑图文有限公司
印　　刷	杭州高腾印务有限公司
开　　本	710 mm×1000 mm　1/16
印　　张	18.5
字　　数	233 千
版 印 次	2024 年 6 月第 1 版　2024 年 6 月第 1 次印刷
书　　号	ISBN 978-7-5178-5971-0
定　　价	108.00 元（全 2 册）

编 委 会

PREFACE 前言

　　为加快推行现代工程管理方法，促进公路建设，构建"发展理念人本化、项目管理专业化、工程施工标准化、管理手段信息化、日常管理精细化"模式，提升工程质量和安全管理水平，树立行业文明施工形象，杭州临建高速公路工程建设指挥部（简称"临建指挥部"）决定开展临金高速公路临安至建德工程项目（简称"临建项目"）。自2019年10月起施工至2022年3月完工期间，临建指挥部全面开展安全生产"1＋3＋1"标准化建设，即1条工作主线、3种管理手段、1套考核体系。其中，1条工作主线指的是安全生产标准化建设主线，包括施工现场安全标准化建设和班组作业安全标准化建设两部分；3种管理手段是指对安全首件认可制、安全生产网格化管理和企业可持续发展项目（Sustaining Competitive and Responsible Enterprise，SCORE）的推广应用；1套考核体系主要包括劳动立功竞赛、信用评价以及平安工地等内容。临建指挥部通过开展安全生产"1＋3＋1"标准化建设，进一步建立健全临建项目安全生产工作机制，督促各项目部实现班组安全生产规范化、制度化、程序化、精细化管理，实现桥梁、隧道、路基、临时设施等各施工现场的安全规范有序，全面提升班组作业标准化水平和抵制"三违"的能力，规范施工现场安全管理，同时培养一批业务素质过硬、安全意识强、安全素质高的安全管理团队和施工班组。其间，临建指挥部组织编写了《临金高速公路临安至建德工程安全生产"1＋3＋1"标准化建设》"管理篇""现场篇"。

本书在现行公路工程标准、规范的基础上，针对工程质量通病和管理薄弱环节，开展了安全生产标准化实证研究，吸纳了施工标准化的经验和成果，总结了行之有效的成熟工艺、先进装备和制度措施，指出现代工程管理的具体要求，可供公路工程各参建单位、参建人员参考。由于编写时间仓促，书中难免存在不足之处，敬请读者批评指正。

编　者

2023 年 4 月

CONTENTS

目　录

1 项目基本情况

本章从临建项目的概况，安全管理特、难点和安全生产"1＋3＋1"标准化建设等 3 个方面进行综合分析，阐述了临建项目的安全管理特、难点，并结合临建项目开展安全生产"1＋3＋1"标准化建设，指导临建项目制订安全生产标准化实施方案，建立符合临建项目的安全管理体系，并形成长效机制。

1.1 项目概况

临建项目起自浙江和安徽两省交界的千秋关隧道，与宁宣杭高速公路安徽段相接，路线往南穿英公隧道后上跨杭徽高速设於潜枢纽，继续向东南跨 05 省道、分水江，穿虎溪台隧道、大岩山隧道后下穿杭黄高铁，经临安区、桐庐县、建德市，终点与杭新景高速相接。路线全长 85.500 km，其中先行段路线长 24.100 km，后续段路线长 61.400 km。临建项目沿线设特大桥 5191.650 m（4 座），大桥 16758.371 m（47 座），中小桥 1351.950 m（19 座），桥梁总长 23301.970 m（70 座）；设隧道 33664.500 m（29.5 座），其中特长隧道 11415.500 m（3 座），长隧道 13957 m（7.5 座），中短隧道 8292 m（19 座）；设互通立交 9 处，其中枢纽式互通 2 处（於潜枢纽、安仁枢纽），一般互通 7 处（横路互通、於潜北互通、潜川互通、乐平互通、分水互通、瑶琳互通、横村互通）；设于潜服务区 1 处，与於潜北互通合建，潜川停车区 1 处，与潜川互通合建，瑶琳服务区 1 处，与瑶琳互通合建，新建匝道收费站 8 处。

沿线主要控制点有杭徽高速公路、杭新景高速公路、分水水库一级水源保护区、英公水库、"两江一湖"核心保护区、特高压、千岛湖引水工程、国省道及沿线相关城镇规划。

沿线主要乡镇有杭州市临安区太阳镇、於潜镇、潜川镇，桐庐县分水镇、瑶琳镇、横村镇、莪山畲族乡、旧县街道、富春江镇，建德市钦堂乡、乾潭镇。主要河流及航道有虞溪、天目溪、昌化溪、分水江（准Ⅶ级航道）等。

主要交叉公路、铁路有杭徽高速公路（G56）、杭新景高速公路（G25）、S102 省道（02 省道杭昱线）、S208 省道（16 省道桐千线）、S302 省道（05 省道新淳线）、320 国道以及规划 211 省道、杭黄高铁、规划杭临绩高铁。

临建项目主要参建单位如表 1–1 所示。

表 1–1　临建项目主要参建单位

序号	参建单位	单位名称	备注
1	建设单位	浙江杭宣高速公路有限公司	
2		杭州临建高速公路工程建设指挥部	
3	勘察设计单位	浙江省交通规划设计研究院	
4		杭州市交通规划设计研究院	
5	监理单位	北京华宏工程咨询有限公司	JL01
6		浙江公路水运工程监理有限公司	JL02
7		杭州交通工程监理咨询有限公司	JL03
8	施工单位	浙江交工集团股份有限公司	TJ01
9		中交三公局第一工程有限公司	TJ02
10		浙江交工路桥建设有限公司	TJ03
11		浙江交工金筑交通建设有限公司	TJ04
12		中铁一局集团有限公司	TJ05
13		中交一公局集团有限公司	TJ06

序号	参建单位	单位名称	备注
14	安全咨询 服务单位	重庆交大交通安全科技研究院有限公司	综合安全咨询
15		特种设备咨询单位	
16		安全生产责任保险单位	

1.2　安全管理特点、难点

　　本项目位于浙西中低山丘陵区，沿线经过临安区、桐庐县、建德市，地势起伏大，以低山丘陵间夹沟谷为主，区域内植被茂盛。项目桥梁、隧道、高边坡数量多。田鸡坞桥地理位置航拍图、英公隧道进出口航拍图、ZK18＋603～ZK18＋883左侧路堑高边坡航拍示意图分别如图1-1—图1-3所示。项目工程技术特点、难点如表1-2所示。

图1-1　田鸡坞桥地理位置航拍图

图1-2　英公隧道进出口航拍图

图 1-3　ZK18+603~ZK18+883 左侧路堑高边坡航拍示意图

表 1-2　项目工程技术特点、难点

项目工程技术特点、难点		特点、难点分析
建设条件	建设规模大、桥隧比例高	沿线设特大桥 5191.650 m（4 座），大桥 16758.371 m（47 座），中小桥 1351.950 m（19 座），桥梁总长 23301.970 m（70 座）；设隧道 33664.500 m（29.5 座），其中特长隧道 11415.500 m（3 座），长隧道 13957 m（7.5 座），中短隧道 8292 m（19 座）；设互通立交 9 处，其中枢纽式互通 2 处，一般互通 7 处；设於潜服务区 1 处，与於潜北互通合建，潜川停车区 1 处，与潜川互通合建，瑶琳服务区 1 处，与瑶琳互通合建，新建匝道收费站 8 处。高填方 7 处、路堑高边坡 42 处。项目建设规模大、桥隧比例高
	具有山区高速公路特征，施工条件相对恶劣	山区公路地形复杂，地面高差大且变化频繁。山区公路施工的特点是机械化作业程度低，劳动力密集施工，工区相对偏僻，施工条件恶劣。受山区条件限制，临时施工便道转弯半径小、纵坡大，运输风险高
	多处桥梁跨越山间沟谷、溪流	沿线河道较多，多处桥梁跨越河流、水库。桥梁涉河施工，区域河流汛期流量涨落大，洪峰流量大，流速快，具有较强的冲刷力，对桥梁水中、临河桥墩基础及下部结构施工影响较大，危及施工人员和设施安全
	桥梁拼宽、上跨道路施工等存在边通车边施工路段	存在高速公路拼宽施工（杭新景高速公路安仁互通段），沿线多处跨越杭徽高速、杭新景高速、S208 省道、S02 省道等主要道路，边通车边施工风险高

续　表

项目工程技术特点、难点		特点、难点分析
建设条件	清良港（杭黄高铁）大桥下穿杭黄铁路桥，施工中需加强对既有铁路桥墩、上部结构的保护	清良港（杭黄高铁）大桥第 16 跨下穿现状杭黄高铁，下穿位置桥梁采用 1 跨 40mT 梁。桥梁施工时可能会对已建铁路桥梁墩柱、上部结构产生影响
	交叉干扰多，协调管控难	线路较长，外界因素干扰大，涉及多部门协调，工作难度大
	强降雨、大风台风季节影响施工	施工期限为 3.5 年，影响施工区域的灾害性天气主要为强降雨、大风台风、洪涝等，山洪暴发，河水暴涨暴落，局部山体滑坡等影响施工
	水源保护区环保及森林防火要求高	分水水库为一级水源保护区、英公水库为二级水源保护区，在施工过程中，应调查环境敏感点，重点关注水资源保护。沿线穿越山区，植被茂密、覆盖率高，而施工作业面广，作业人员多，管理难度较大，森林火灾又具有突发性强、破坏性大等特点
路基工程	路基土石方挖、填量大，土方运输多	全线挖方 1781.5 万方，填方 1159.6 万方，全线设置弃土场 26 处。项目桥隧比例高，土石弃方较多，大量的土石方运输作业存在一定的交通拥堵等情况
	石方开挖量大，爆破施工多	高边坡石方需爆破方式开挖，采用爆破开挖时，除爆破作业自身放炮、火药爆炸风险以外，振动及飞石对周边结构物、临近道路通行的车辆和人员影响也较大
	路堑高边坡、高填方与隧道、桥梁相邻情况较多，存在交叉作业干扰	部分路堑高边坡、高填方与隧道、桥梁相邻情况较多，相互间施工存在干扰
	部分路堑边坡开挖存在顺层滑塌风险	根据地质勘察资料，部分路堑高边坡存在断裂带、岩体节理及其组合形成的契形体掉块，岩体层面与边坡开挖面顺层，边坡开挖可能造成边坡顺层滑塌，对拟建项目影响较大
	不良地质影响施工	现状不良地质主要为滑塌、崩坡积体，特殊性岩土主要有填土、花岗岩残积土和红黏土等，此外工程建设中也有可能遇到路堑开挖产生的崩塌、滑坡等工程地质问题

续　表

项目工程技术特点、难点		特点、难点分析
桥梁工程	桥梁数量多，结构复杂	桥梁上部结构形式有脊骨梁、钢混叠合梁、小箱梁、T梁等，采用支架现浇、架桥机（吊机）施工，梁板运输、安装风险较大。本项目处于山区，施工条件恶劣，机械材料运输、梁板运输难度较大
	高墩柱施工难度大	桥梁最大墩柱高度41.806 m（平公山桥左幅7#墩），墩柱较高，墩柱最大高度超过15 m的桥梁共47座，超过30 m的桥梁共6座。高墩柱施工安全难度较大
隧道工程	隧道围岩地质普遍较差，存在节理密集带、岩溶等不良地质	隧道整体地质情况较差，尤其是直坞里隧道、鸡高坞隧道、柏山坞隧道、白云村隧道、毛竹湾隧道以及2座连拱式隧道，隧道地质围岩Ⅳ级和Ⅴ级长度合计占比100%。部分隧道内的构造可能有断裂破碎带、节理密集带、岩溶等。节理密集带与隧道相交，对隧道围岩的完整性和稳定性有一定的影响。围岩稳定性差，隧道开挖处置不当易产生掉块，侧壁可能发生坍塌
	隧道浅埋区段施工	浅埋区段施工，因为覆土深度较浅和围岩压力变化大，从而造成初期支护长期承受较大的围岩压力，由于初期支护未封闭，易出现失稳情况，造成塌方。在围岩压力较大的情况下进行初期支护落底施工，易出现初期支护失稳造成的塌方、冒顶、侧壁失稳等施工风险
	隧道局部地段存在偏压现象	部分偏压隧道地段施工时可能存在坍塌、掉块、大变形。对此，在隧道进洞施工前应对偏压地段的地表进行复测，重点复核拱腰地段的埋置深度，并及时将复测信息报送设计单位进行动态设计
	连拱式隧道爆破施工影响周边围岩	存在2座连拱式隧道：曹坞里隧道、曹坞口隧道，连拱式隧道纵向需分3次掘进贯通，其爆破施工振动对周边围岩结构体系造成较大影响
	部分隧道洞口与高边坡、桥梁、地方路较近，影响进洞口段施工	部分隧道洞口与路堑高边坡、桥梁、地方路较近，隧道进洞口的施工作业面场地狭窄，桥梁、高边坡与隧道同时进行施工作业时相互干扰
安全管理	施工工点多，管理难度大	全线分6个合同段，各施工单位安全方式有差异、水平参差不齐。全线投入施工队伍、施工高峰期总人数多而杂，同时机械设备（特种、关键、主要）投入量大，涉及龙门吊、架桥机等特种设备，人员、设备规范管理难度大

　　临建项目位于浙西山区丘陵地带，走廊狭窄，土地稀缺，环境敏感，生态脆弱，加上建设规模大，施工工点多，桥隧比例高，给安全管理带来较多困难，施工影响安全管理有"三多、两高、一复杂"的特点。

　　（1）"三多"

　　本项目建设规模大，路线全长 85.500 km，全线 70 座桥梁、29.5 座隧道、7 个一般互通和 2 个枢纽式互通，项目全线高度风险高达 79 项，项目沿线多次通行高速公路及省道。"三多"的具体内容如下：

　　①交叉干扰多。一是项目存在高速公路拼宽施工（杭新景高速公路安仁互通段），沿线多处跨越杭徽高速、杭新景高速、S208 省道、S02 省道等主要道路，且沿线省道通车流量大，边通车边施工风险高。二是项目存在数量较多的高边坡、高填方与隧道、桥梁相邻的情况，相互间施工存在较多干扰，交叉作业风险高。三是项目沿线存在管线、高压线、高压铁塔等制约因素。

　　②施工作业点多。本项目建设规模大，路线全长 85.500 km，分为 6 个土建施工标段，全线 70 座桥梁、29.5 座隧道、路堑高边坡 42 处、路堤高填方 7 处，以及 7 个一般互通和 2 个枢纽式互通。一方面由于本项目本身线路长，桥隧占比大，桥隧结构物数量多，施工单元多。另一方面由于本项目沿线多处跨越山间沟谷、溪流，在山区没有宽广的施工场地，大部分利用河岸两侧空地作为施工场地，造成施工作业点多且分散，现场安全管理难度大，而且过水面因施工减少，遇暴雨时，可能会引起洪水冲刷。

　　③危险性较大的工程多。本项目多隧道和桥梁，部分隧道为岩溶隧道，桥梁进行脊骨梁结构的试点应用，部分桥梁采用预制装配化施工墩柱、盖梁，且全线大范围推广应用装配式护栏，装配化带来大量起重作业，新工艺带来新风险。《临金高速公路临安至建德段工程施工安全总体风险评估报告》指出，

本项目全线高度风险达 79 项，其中高风险路基 14 项，高风险桥梁 44 项，高风险隧道 21 项，再经各标段施工安全专项风险评估并结合《浙江省交通建设危险性较大的分部分项工程专项施工方案管理办法》梳理后，危险性较大的分部分项工程数量将高达数百项。

（2）"两高"

本项目建设规模大，桥隧占路线长度的 66.60%，桥隧比例高，施工复杂，工期紧，安全管理难度大，安全要求高。"两高"的具体内容如下：

①桥隧比例高。本项目沿线设特大桥 5191.650 m（4 座），大桥 16758.371 m（47 座），中小桥 1351.950 m（19 座），桥梁总长 23301.970 m（70 座）；设置隧道 33664.500 m（29.5 座），其中特长隧道 11415.500 m（3 座），长隧道 13957 m（7.5 座），中短隧道 8292 m（19 座）。

②安全要求高。本项目是交通运输部公路工程智慧监理科技示范项目，力争打造全国高速公路品质工程示范项目，创建浙江省公路水运工程"平安工地"示范工程，力争冠名交通运输部"平安工程"。

（3）"一复杂"

本项目地处山区丘陵地带。"一复杂"指施工自然条件复杂，具体内容如下：

①地形复杂，地貌单元多，地面高差大且变化频繁，存在较多的半填半挖施工路段，遇雨水充沛季节容易产生滑塌现象。

②临时施工便道转弯半径小、纵坡大，运输困难，临时设施设置难度大，安全风险高。

③存在不良地质，沿线存在较多岩溶地段，部分隧道为岩溶隧道，施工风险高。

1.3 安全生产"1+3+1"标准化建设

加强安全生产标准化建设是夯实基层基础工作、落实安全生产主体责任、实现本质安全的重要途径。《中华人民共和国安全生产法》（2021 年修正）明确规定：生产经营单位必须推进安全生产标准化建设，提高安全生产水平，确保安全生产。安全生产标准化不仅要体现"安全第一、预防为主、综合治理"的方针，更要强调安全生产工作的规范化、科学化、系统化和法制化，同时涵盖了增强机制体制、人员素质、设备设施、作业管理、岗位责任落实等方面的内容，有利于促进和提高项目的安全生产水平。

临建指挥部将在项目建设期间全面开展安全生产"1＋3＋1"标准化建设，即 1 条工作主线、3 种管理手段、1 套考核体系。其中 1 条工作主线指的是安全生产标准化建设主线，包括施工现场安全标准化建设和班组作业安全标准化建设两部分内容，3 种管理手段是指安全首件认可制、安全生产网格化管理和 SCORE 项目推广应用，1 套考核体系主要包括劳动立功竞赛、信用评价以及平安工地等考核内容。通过开展安全生产"1＋3＋1"标准化建设，进一步建立健全临建项目安全生产工作机制，督促各项目部实现班组安全生产规范化、制度化、程序化、精细化管理，实现桥梁、隧道、路基、临时设施等各施工现场的安全规范有序，全面提升班组作业标准化水平和抵制"三违"能力，规范施工现场安全管理，同时培养一批业务素质过硬、安全意识较强、安全素质较高的安全管理团队和施工班组。

1.3.1 1 条工作主线

临建项目是浙江省交通集团浙江交投高速公路建设管理有限公司（原杭州板块）的第 4 个高速公路项目，通过对前 3 个高速公路项目的实践和总结，目前浙江交投高速公路建设管理有限公司（原杭州板块）在安全生产标准化方面已编制印发了 10 本安全生产标准化手册，内容基本涵盖高速公路安全管理的各个方面。

1.3.1.1　施工现场安全标准化

临建高速公路施工现场的安全标准化建设主要是贯彻落实已印发的一系列安全生产标准化手册，按照工点标准化的要求，积极做好对标管理，并积极谋划工作亮点，各标段之间通过学习观摩、经验借鉴等方式取长补短，共同提高，同时加大过程中的监督检查和考核力度，及时组织开展阶段性总结，不断提升，持续改进，形成全线安全标准化作业场面。临建项目施工现场安全标准化建设内容如表 1–3 所示。

表 1–3　临建项目施工现场安全标准化建设内容

序号	名称	主要建设内容	对标手册
1	管理安全标准化	主要包括管理体系建设和管理要点。管理体系建设包括责任体系、风险管理、隐患管理、人员设备管理、教育培训、技术管理、应急管理、内业管理、班组管理、安全生产费用等内容，管理要点包括高处作业、消防安全、拆除高处、个人防护、季节性施工、夜间施工等内容	

续 表

序号	名称	主要建设内容	对标手册
2	安全标识标志标准化	主要包括禁止标志设置、警告和提示标志设置、指令标志设置、其他标牌设置及交通标志设置等内容	施工现场安全标识标志标准化手册
3	通道安全标准化	主要包括栈桥安全通道、隧道安全通道、结构物安全通道、临时场站安全通道以及施工影响区域道路安全通道等内容	施工现场通道安全标准化手册

续　表

序号	名称	主要建设内容	对标手册
4	临时设施安全标准化	主要包括驻地建设、场站建设、临时设施建设以及机械机具安全使用相关规定等内容	
5	临边防护标准化	主要包括桩孔口安全防护、泥浆池及孔口防护、深基坑防护、墩柱防护、桥面临边防护、预留孔洞防护、水上作业防护、高边坡防护、施工便道防护、施工设备防护以及施工现场安全防护设施图例等内容	

序号	名称	主要建设内容	对标手册
6	临时用电安全标准化	主要包括配电系统、配电室、配电箱、配电线路和防雷相关规定以及电力安全警示牌、标识牌、标志牌图例等	 施工现场临时用电标准化手册
7	特种设备及专用设备管理和防护标准化	主要包括特种设备分类，吊索吊具、塔式起重机、门式起重机、架桥机、压力容器及挂篮等安全使用规定	 特种设备及专用设备管理和防护手册

续　表

序号	名称	主要建设内容	对标手册
8	隧道施工安全标准化	主要包括施工准备、洞口及明洞工程、洞身开挖、初期支护、二次衬砌、防水和排水、辅助坑道、小净距及连拱隧道、附属工程、超前地质预报与监控量测、逃生与救援等施工安全标准化内容	
9	桥梁施工安全标准化	主要包括基础施工、下部结构、上部结构、桥面系及附属设施等施工安全标准化内容	

序号	名称	主要建设内容	对标手册
10	路基路面施工安全标准化	主要包括一般路基、特殊路基、高边坡施工、路面施工等施工安全标准化内容	

1.3.1.2　班组作业安全标准化

临建项目施工点多线长、作业类型多，大量施工班组参与到项目建设中。班组作为高速公路施工的最基层单位，其作业行为的标准化程度直接决定了项目的安全生产水平。但因工人素质及班组安全教育不到位等，往往施工班组的安全管理成了项目上的一个薄弱点和难点。临建项目将通过班组作业安全标准化建设等一整套流程和机制，提高作业人员的安全素质，规范班组作业人员的行为，改善作业环境，不断夯实安全基层基础。班组作业安全标准化的主要流程包括班前会、班中巡查和班后总结3个环节。

1.3.2　3 种管理手段

施工现场的安全标准化是一个常抓不懈的工作，本项目采用了安全首件认可制、安全生产网格化管理及 SCORE 项目推广应用等 3 种管理手段全面提升施工现场安全标准化水平。

1.3.2.1　安全首件认可制

安全标准化是一个持之以恒的工作，各分部分项工程的首件工程安全和质量尤为重要，首件工程实施和总结到位，可以对后续工程起到指导和示范作用。临建项目将推广实施安全首件认可制，选择做得好的安全首件工程观摩交流、示范推广，以此为抓手进一步提升施工现场安全标准化水平。

1.3.2.2　安全生产网格化管理

临建项目将完善安全管理机制和框架，贯彻落实施工企业安全生产主体责任制，明确安全管理专职人员职责及其他工程管理人员职责，建立层层落实的安全生产管理网络，全面实现安全生产网格化管理。

临建项目施工期间科学划分安全生产网格，确保横向到边、纵向到底。临建指挥部为一级网格，监理办为二级网格，项目部为三级网格，施工班组为四级网格。现场施工区域按照路、桥、隧分部分项工程分类，各级管理人员分别对应现场施工点。同时为落实"一岗双责"，将班组长划入四级网格，项目部领导班子成员划入三级网格，监理办路桥隧专监划入二级网格。

各项目部制定本标段安全网格化管理方案，建立项目部—工点—班组的"纵向到底"管理体系，严格按照所属网格值班，加大对责任区安全生产工作的领导、检查和指导力度。各级各类网格人员严格实行"一岗双责"，层层签订责任书，明晰责任主体，分解责任目标，将安全生产责任落实到生产过程的每个环节、岗位和个人。

1.3.2.3　SCORE 项目推广应用

SCORE 项目是由国际劳工组织开发，促进中小企业改善工作场所的管理培训和咨询项目。SCORE 项目提倡的全员主动参与、"自下而上"的管理理念，是对企业传统的"自上而下"管理模式的一个互补，是建立健全项目全员安全管理体系的一个重要抓手，将 SCORE 项目应用到临建项目管理中，能进一步促进项目管理层与员工之间的沟通和合作，减少生产过程中的浪费现象，排除隐患，进一步规范施工现场安全生产标准化建设，改善施工作业环境，保障员工的职业安全和健康。

1.3.3 1套考核体系

临建项目安全生产考核体系主要包括劳动立功竞赛、信用评价及平安工地等考核内容，主要用于项目指挥部定期对所辖项目的项目部、监理办的安全生产管理工作和指标进行考核。劳动立功竞赛考核每季度开展一次，对各项目部、监理办的安全管理工作进行评分并纳入总分，排出名次。信用评价主要依据《浙江省交通建设工程信用评价管理办法（试行）》对各单位的安全管理行为进行扣分，并报上级主管部门。平安工地考核主要依据《浙江省交通建设工程平安工地建设管理实施办法》等有关文件，结合项目实际，在各项目部、监理办自评的基础上进行考评，督促各项目部、监理办积极开展省、市级"平安工地"创建活动。

临建项目将依据相关办法对各参建单位的安全管理工作进行严格考核，并将安全生产标准化建设、安全首件、SCORE 项目等重点工作作为重点考核内容，开展评优评先并落实奖惩措施，同时各项目部制订与本单位配套的考核办法，对各班组、各级管理人员进行考核、奖罚等。

2 安全管理体系建设

本章讲述安全管理体系建设，是项目安全生产工作的重要组成部分，其目的是通过制定一系列规章制度、流程和标准，建立一套科学合理的安全管理体系，从而保障项目的安全生产。安全管理体系建设需要全员参与，形成全员安全意识，同时还需要注重制度建设，确保制度的科学性和可行性。安全管理体系建设注重技术手段的运用，采用先进的安全技术手段，在提高安全管理水平的基础上还需要注重持续改进，不断完善和提升管理水平。

2.1 安全管理制度

《建设工程安全生产管理条例》（国务院令第 393 号）进一步规范了建设工程的安全生产行为，明确了安全生产的基本原则和主要制度。临建项目已根据相关文件要求，逐步建立健全本项目安全生产管理制度体系，夯实安全生产基础，落实安全生产责任，确保项目安全生产管理各项工作制度化、规范化、标准化。

2.1.1 制度制定

安全管理制度体系是项目安全生产工作的重要基础，需要高度重视、全员参与。只有注重制度建设，运用技术手段，确立有效运行的制度体系，才是建设科学合理的安全管理体系的保证。建设单位、监理单位及施工单位等参建单位应建立各自的安全生产管理制度。

（1）建设单位

建设单位安全生产管理制度是项目安全生产管理工作的行为准则，制度应明确项目安全生产各阶段管理的内容、程序与职责分工等。

临建指挥部编制、修订并印发了 19 项安全生产管理制度至各参建单位和各处室。建设单位主要安全生产管理制度如表 2-1 所示。

表 2-1　建设单位主要安全生产管理制度

序号	制度	备注
1	职业健康及劳动保护管理制度	
2	安全教育培训管理制度	
3	安全生产费用计提（计列）和使用管理办法	
4	应急预案管理办法	
5	消防安全管理制度	
6	安全生产台账管理办法	
7	安全生产违法行为和事故隐患举报奖励办法	
8	安全生产约谈制度	
9	特种作业及特种设备安全管理办法	
10	高速公路建设项目安全生产监督管理办法	
11	建设项目安全设施"三同时"管理制度	
12	生产安全事故管理办法	
13	施工安全风险评估管理制度	
14	安全生产监督检查制度	
15	安全生产会议制度	
16	安全生产管理办法	
17	安全风险和安全生产事故隐患管理办法	
18	安全生产值班管理办法	
19	危险性较大分部分项工程安全专项施工方案管理办法	

（2）监理单位

监理单位安全生产管理制度是安全生产监理工作的行为准则，各监理办应依据《公路水运工程施工安全标准化指南》《浙江省交通建设工程平安工地建设管理实施办法》中的大型交通建设工程平安工地建设考核评价标准和建设单位的有关要求等，建立健全相关安全生产管理制度，包括安全生产会议制度、安全生产检查制度、安全生产费用审查制度、特种作业人员和特种设备核查监督制度、安全生产培训教育制度、专项施工方案审查制度、生产安全事故隐患督促整改制度、生产安全事故报告制度、安全生产档案管理制度和"平安工地"考核评价制度等，明确本单位安全生产各阶段管理的内容、程序与职责分工等。

（3）施工单位

施工单位安全生产管理制度是项目部安全生产工作的行为准则，各施工合同段应依据《公路水运工程施工安全标准化指南》《浙江省交通建设工程平安工地建设管理实施办法》中的大型交通建设工程平安工地建设考核评价标准和建设单位的有关要求等，在开工前建立健全本合同段安全生产管理制度，包括安全生产会议制度、安全生产检查制度、安全生产费使用制度、安全生产责任制及考核制度、"平安工地"考核评价制度、安全事故隐患排查治理制度、安全生产培训教育制度、施工安全技术交底制度和生产安全事故报告制度等，明确本单位安全生产各阶段施工安全管理的内容、程序与职责分工等。

2.1.2　制度实施

制度实施内容如下：

①加强制度学习。组织学习相关法律法规、规章制度，熟悉制度条文，领会制度的精神实质，掌握执行制度的各种要求、标准和尺度，并通过考试

等形式检验和巩固学习成果，各参建单位在每项制度制定或修订后，必须组织相关人员集中学习，并做好相关记录。

②做好制度宣传工作。各参建单位要对制度建设的典型做法、典型事例和典型单位及时宣传报道，营造严格按制度办事的舆论氛围。

③强化部门监督。各参建单位、各相关职能部门在带头落实本部门制度的同时，认真履行主管职责，严格把好安全监督关，及时发现和纠正各种违规行为。

④实施奖惩措施。各参建单位做好制度执行和落实情况考核工作，实施各项奖励处罚规定，做到奖罚分明。

⑤建立文化体系。临建项目通过开展各类安全文化活动，提高全员的安全意识、安全技能，进而让人人都"懂安全、要安全、会安全、能安全"，以确保安全。

⑥实施反馈机制。各参建单位及时追踪制度的执行效果，认真收集制度执行过程中发现的问题和管理与服务对象的意见和建议。

2.1.3 制度修订

各参建单位按照制度执行过程中出现的问题和项目内外部环境变化情况，对原有制度中无法适应和满足安全工作要求及与新的文件要求不符的条款及时进行修订完善，使制度建设实现闭环管理。

2.2 安全生产责任体系

《中华人民共和国安全生产法》（2021年修正）中明确指出，加强安全生产标准化、信息化建设，构建安全风险分级管控和隐患排查治理双重预防机制，健全风险防范化解机制，提高安全生产水平，确保安全生产。作为一项全面规范企业安全生产的国家标准、行业标准、地方标准和企业标准，其宗旨就是要充分调动企业及其主要负责人和安全管理人员的积极性与主动性，规范安全生产管理，使其自觉承担安全生产管理的各项工作和相应责任。安全生产标准化对组织机构、安全投入、安全管理制度、隐患排查和治理、重大危险源监控、绩效评价和持续改进等方面的内容做了具体的规定，进一步明确了企业安全生产管理该干什么、干些什么和怎么干的问题，通过加强企业每个岗位和环节的安全生产标准化建设，不断提高安全管理水平，促进企业安全生产主体责任落实到位。

企业是安全生产的责任主体，也是安全生产标准化建设的主体，企业主要负责人是安全生产第一责任人。

2.2.1 安全生产责任体系要求

责任制是安全生产的核心，是改进安全状况的根本途径、基本方法和工作平台。临建指挥部按照"安全第一、预防为主、综合治理"的方针和"建设单位主导、监理单位督促、施工单位负责"的管理理念，坚持"管生产必须管安全""谁主管谁负责"的原则，做到全员参与、全面覆盖和全过程管理，自上而下构建严密的安全生产责任体系。

①建立健全安全生产责任制，落实到主要负责人、分管安全生产负责人、各职能部门及其负责人、基层单位和全体员工。

②主要负责人是安全生产第一责任人，对企业安全生产全面负责。

③层层签订安全生产目标责任书。

④定期考核和奖惩，并予以公告。

2.2.2 安全生产组织机构

建设单位建立健全安全生产责任制度和安全生产管理体系，设立安全处作为专职安全管理机构；参建单位按有关要求，建立安全生产管理体系，设

立专职安全管理机构和配备专职安全管理人员。安全生产组织机构如图 2-1
所示。

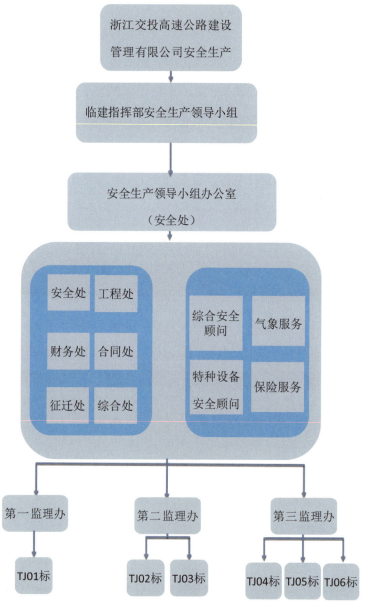

图 2-1　安全生产组织机构

（1）建设单位安全生产组织机构

工程项目建设单位成立安全生产领导小组，组长、副组长分别由指挥部领导担任，成员包括各处室负责人。

安全生产领导小组下设办公室，办公室设在指挥部安全处，具体负责建设指挥部的安全生产日常管理工作。

（2）监理单位安全生产组织机构

本工程项目监理单位设置为一级监理机构，监理办的安全生产领导小组组长、副组长分别由总监理工程师、副总监理工程师等人员担任，成员由各专业监理工程师组成。领导小组下设办公室，具体负责监理办的日常安全管理工作。

（3）施工单位安全生产组织机构

施工单位项目部安全生产领导小组组长由项目经理担任，副组长由总工程师、安全副经理担任，成员由各部门负责人组成。领导小组下设办公室，具体负责项目部的日常安全管理工作。

2.3　安全生产责任划分

2.3.1　主体责任落实

临建指挥部与监理单位、施工单位签订安全生产责任书，并在安全生产责任书中约定各自的安全生产管理目标与责任。监理单位、施工单位应对各自安全生产责任进行细化分解，编制形成安全责任清单，安全责任落实到个人，做到全员参与安全管理。

项目建设安全生产，临建指挥部对安全生产负管理责任，监理单位承担监督检查责任，施工单位是安全生产责任主体，承担主体责任。项目参建单位安全生产职责如表 2-2 所示。

表 2-2　项目参建单位安全生产职责

序号	单位	主要职责	备注
1	建设单位	（1）临建指挥部对高速公路建设项目安全生产负管理责任，配合各级交通主管部门开展相关管理工作 （2）临建指挥部应当严格履行建设程序，根据项目的特点和技术要求，选择具有相应资质的勘察、设计、施工、监理等单位，并依照有关法律法规、规章规定和相关工程技术标准的要求，分别签订合同，明确双方的权利义务及安全生产要求 （3）临建指挥部应严格执行安全生产法律法规、规章和工程建设强制性标准，不得对咨询、勘察、设计、施工、监理、安全服务、材料供应等单位提出不符合工程安全生产法律法规和工程建设强制性标准规定的要求，不得随意压缩合同规定的工期 （4）临建指挥部在编制高速公路建设项目招标文件时，应当依法对参建单位的项目安全管理目标、安全生产职责、安全生产条件、安全生产信用情况及专职安全生产管理人员配备的标准等提出明确要求，并单列安全生产费用项目清单。临建指挥部应当根据总监理工程师对施工安全生产费用投入情况的签字确认，及时支付施工安全生产费用 （5）临建指挥部按照国家、省级和行业管理部门的要求，应当组织施工、监理等单位开展"平安工程"、"平安工地"等创建工作 （6）临建指挥部应当制定本单位安全生产标准化管理体系和制度，全面推行安全生产标准化建设工作，组织施工、监理等参建单位开展安全生产标准化建设工作，并进行考核评比 （7）临建指挥部应当建立健全安全生产责任制度和安全生产管理体系，设置安全生产管理机构，配有不少于 3 人的专职安全管理人员 （8）临建指挥部应对极高风险（Ⅳ级）的施工作业，组织专家或安全评估机构进行论证或复评估。工程交工验收前，临建指挥部应当对项目部、监理办的安全生产情况进行评价 （9）临建指挥部应当针对本项目的特点制订生产安全事故应急预案，定期组织救援演练。发生生产安全事故时，立即启动事故应急预案，组织力量抢救，保护好事故现场，及时向监管部门报告	主导作用

序号	单位	主要职责	备注
2	监理单位	（1）应当按照有关法律法规、规章和工程建设强制性标准、监理规范及监理服务合同进行监理，对工程安全生产承担监理责任。总监理工程师对监理项目的施工安全监理负责，并应根据工程项目特点，明确监理人员的安全监理岗位职责 （2）应当建立健全安全生产管理制度，建立审查核验制度、检查验收制度和督促整改制度，定期召开工地例会，针对薄弱环节，提出整改意见，并督促落实 （3）应当建立健全监理人员安全生产教育培训制度，总监理工程师及其他主要监理人员须经安全生产教育培训合格后上岗 （4）应当审核施工项目安全生产条件，审查施工组织设计中的安全措施和专项施工方案。在监理过程中，发现存在安全事故隐患的，应当要求项目部整改，情节严重的，应当下达工程暂停令，并及时报告建设单位。项目部拒不整改或者不停止施工的，监理办应当及时向有关主管部门书面报告，并有权拒绝计量支付审核 （5）应当如实记录安全事故隐患和整改验收情况，对有关文字、影像资料应当妥善保存 （6）应当建立安全监理责任制，落实安全监理责任，监督安全技术措施和专项施工方案的实施，重点监管施工的关键部位、关键环节、关键工序。发现事故隐患时，应当及时督促项目部整改，必要时可以下达暂停施工指令，并向临建指挥部和有关部门报告 （7）应当及时、真实、完整地做好安全监理记录，填报安全监理日志和监理月报 （8）应当开展"平安工地"达标考核工作，审查项目部"平安工地"创建总体计划 （9）应当参与工程生产安全事故现场应急救援工作，向临建指挥部报告事故情况，配合事故调查、分析和处理工作	监督核心作用
3	施工单位	（1）施工单位对施工现场的安全生产负主体责任，应取得安全生产许可证。施工单位的主要负责人、项目负责人、专职安全生产管理人员必须取得考核合格证书。应当设置安全生产管理机构，配备专职安全生产管理人员，根据工程施工作业特点、安全风险以及施工难度，按照年度施工产值配备专职安全生产管理人员：不足5000万元的至少配备1名；5000万元以上不足2亿元的按每5000万元不少于1名的比例配备；2亿元以上的不少于5名，且按专业配备。施工单位主要负责人依法对项目安全生产工作全面负责，落实安全生产各项制度，确保安全生产费用的有效使用，并根据工程特点组织制订施工安全措施，消除事故隐患，及时、如实报告生产安全事故	责任主体

序号	单位	主要职责	备注
3	施工单位	（2）工程开工前，应当编制施工安全风险评估报告和施工组织设计，并应在施工组织设计中编制安全技术措施和施工现场临时用电方案。对不需要组织专家论证的危险性较大的分部分项工程专项施工方案进行审核后，由施工单位技术负责人签字确认，再报驻地总监理工程师审批；对需经专家论证的超过一定规模的危险性较大的分部分项工程专项施工方案，施工单位相关技术人员审核后再组织专家论证，并按专家组意见进行修改完善后由施工单位技术负责人签字确认，报总监理工程师审核，再报临建指挥部审批 （3）工程开工前，施工单位应当结合工程实际，参照有关清单，制定针对本工程的重大事故隐患清单，并开展事故隐患排查治理工作 （4）应当结合工程实际和具体工程内容编制本合同段安全生产标准化建设、"平安工地"达标创建计划和目标，全面开展安全生产标准化建设、"平安工地"创建等工作；在实施过程中，及时开展达标考核工作，做好动态检查记录 （5）应当建立健全安全生产教育培训制度。施工单位每年应当对管理人员和作业人员进行不少于2次的安全生产教育培训，教育培训情况应当记入个人业绩档案。施工单位在采用新技术、新工艺、新设备、新材料时，应当对作业人员进行相应的安全生产教育培训，生产作业前还应当进行岗位风险提示 （6）新进人员和作业人员进入新的施工现场、转入新的岗位或脱岗后重新上岗前，施工单位应当对其进行安全生产培训考核。未经安全生产教育培训或者培训考核不合格的人员，不得上岗作业 （7）施工现场应当建立消防安全生产责任制度，确定消防安全责任人，制定用火、用电、使用易燃易爆材料等各项消防管理制度和操作规程，设置消防通道，配备相应的消防设施 （8）项目施工用垂直运输机械作业、起重机械作业、施工船舶作业、爆破作业、电工作业、焊接与热切割作业、高处作业等国家规定的特种设备作业人员和特种作业人员，必须按规定经专门安全作业培训并取得资格证书后方可上岗作业。施工单位应建立特种设备作业人员和特种作业人员名册，并随时更新，资格证书应保存于现场，随时备查 （9）应当严格执行安全生产技术交底制度。负责项目管理的技术人员应当在每项工程开工前向施工作业班组、作业人员进行安全技术措施和操作规范交底，并书面告知危险岗位的操作规程和违章操作的危害，并由双方签字确认	责任主体

序号	单位	主要职责	备注
3	施工单位	（10）应当在施工现场出入口、沿线各交叉口、施工起重机械、拌和场、临时用电设施、爆破物及有害危险气体和液体存放处，以及孔洞口、隧道口、基坑边沿、脚手架、码头边沿、桥梁边沿等危险部位，设置明显的安全警示标志，按规定设置安全防护设施。施工便道便桥、临时码头应当满足通行和安全作业需求，还应当提供临边防护和水上救生等设施 （11）应当将施工现场的办公区、生活区与作业区分开设置，并保持安全距离。办公区、生活区的选址应当符合安全性要求，严禁在已发现的泥石流影响区、滑坡体等危险区域设置施工驻地。职工的膳食、饮用水、休息场所、医疗救助设施等应当符合卫生标准。施工现场临时搭建的建筑物及其他设施应当符合安全使用要求。施工现场使用的装配式活动房屋应当具有生产（制造）许可证、产品合格证 （12）应当为施工人员提供符合国家相关安全、卫生标准的生产环境、作业条件、机械设备和安全防护用具。对于施工机械设备及安全防护用具，施工单位应当在进入施工现场前对其生产许可证、产品合格证和有关法定单位的检验检测合格证明进行查验，不得使用不合格产品 （13）在使用施工起重机械和整体提升式脚手架、滑模爬模、架桥机等自行式架设施前，应当组织有关单位进行验收，或者委托具有相应资质的检验检测机构进行验收。使用承租的机械设备和施工机具及配件的，由承租单位、出租单位和安装单位共同进行验收，验收合格方可使用。施工起重机械、架桥机等特种设备应当依法取得特种设备使用登记证书 （14）应当定期对机械设备及安全防护用具等进行维修保养，保障其完好、有效，并建立相应的资料档案。施工单位还应在使用中对各类机械设备及安全防护用具进行定期自检或委托有关法定单位进行检验检测，检验不合格或按照国家有关规定应当进行报废的，不得使用 （15）2个及以上施工单位在同一作业区域内进行施工，可能危及对方生产安全的，应当签订安全生产管理协议，明确各自的安全生产管理职责和应当采取的安全措施，并指定专职安全生产管理人员进行安全检查与协调 （16）应当接受建设、监理单位及监督机构对其安全生产进行监督检查，对于整改意见，要立即予以落实整改。因严重违章操作，被责令停工的施工单位必须在规定期限内完成整改工作，发生的损失自行承担 （17）施工现场的安全技术资料应归档，并确定专人管理，安全技术资料应当真实、完整、齐全	责任主体

序号	单位	主要职责	备注
3	施工单位	（18）应当为施工现场人员办理意外伤害保险，支付意外伤害保险费。实行施工总承包的，由总承包单位支付意外伤害保险费 （19）应加强对火工品的管理，按相关要求对火工品的存放、发放、领取、运输、使用、回收等环节严格监管，加强对爆破协作单位的安全管理，杜绝"以包代管"现象 （20）应当针对本合同段施工特点制订生产安全事故应急预案，经本单位安全和技术部门审查，技术负责人审核确认、监理工程师批准后实施，并定期组织应急救援演练。发生安全生产事故时，应当立即向临建指挥部、监理办和事故发生地监管部门报告，启动事故应急预案，组织力量抢救，并保护好事故现场	责任主体
4	勘察设计单位	（1）勘察单位和勘察人员对勘察结论负责，设计单位和设计人员对其设计负责 （2）勘察单位应当按照法律法规、规章、工程建设强制性标准和合同文件进行实地勘察，针对不良地质、特殊性岩土、有毒有害气体等不良情形或者其他可能引发工程生产安全事故的情形加以说明，并提出防治建议 （3）设计单位应当在工程初步设计阶段对桥梁和隧道工程安全风险进行专门评估，形成风险评估报告，根据风险评估结论，提出相应的安全风险应对措施 （4）设计单位应当按照法律法规、规章、工程建设强制性标准和合同文件进行设计，防止因设计不合理导致生产安全事故发生 （5）设计单位应当考虑施工安全操作和防护的需要，对涉及施工安全的重点部位和环节在设计文件中加以注明，提出安全防范意见。依据设计风险评估结论，对存在较高安全风险的工程部位应当增加专项设计，并组织专家进行论证 （6）设计单位应当就批准的施工图设计文件向建设、施工、监理单位做出详细说明。采用新结构、新材料、新工艺、新技术的工程和特殊结构的工程，设计单位应当在设计文件中提出保障施工作业人员安全和预防生产安全事故的建议 （7）设计单位应当及时对施工过程中发现工程设计不能满足施工作业安全条件的设计方案予以修改，并出具修改方案或变更设计图纸	

2.3.2 "一岗双责"与责任考核

安全生产"一岗双责"是"管生产必须管安全""安全生产人人有责"的具体体现。落实安全生产"一岗双责",有利于完善"横向到边、纵向到底"的安全生产责任体系,形成齐抓共管、群防群治的安全生产格局。

（1）责任清单化

以管理层的安全职责为切入点,分层逐项列出责任清单,明确临建指挥部每个岗位的安全职责,同时要求各监理办、项目部按照"谁主管、谁负责"的原则,认真落实各级领导、岗位安全生产责任,编制各岗位安全责任清单,明确各岗位安全职责,做到责任分担,参建人员各司其职、各守其责,不越位、不缺位,并实行下级对上级负责的安全生产逐级责任制,完善安全生产"一岗双责、失职追责"机制。

（2）履责痕迹化

安全履责痕迹管理与完善安全生产责任制有机结合,构建有岗必有责、在岗必履责的机制,实现责任主体、内容、过程3方面全覆盖。做到安全履职有据可依、有迹可查。

临建项目按照"全领域、全方位、全过程"要求,所有安全管理活动都留下痕迹,做到部署留痕、办文留痕、交责留痕、培训留痕、制度留痕、检查留痕、整改留痕、演练留痕、问责留痕和宣传留痕等,并将留痕文件归档。

（3）考核制度化

为切实规范建设项目安全生产管理,建立健全安全生产责任制和"党政同责、一岗双责、齐抓共管"的安全管理布局,临建指挥部依据公司信用评价管理办法,对各项目部和监理办的安全管理行为开展信用评价。

临建指挥部对项目分两级开展劳动立功竞赛活动,其负责组织参建单位综合立功竞赛活动,项目部负责组织美丽班组立功竞赛活动。各级成立相应组织机构，负责本级竞赛活动准备、实施、考核等各项工作，根据考核结果实施奖惩措施。

（4）岗位安全生产责任制履职要求的细化

企业应结合具体安全生产的相关工作，对各岗位在安全生产岗位履职工作中的具体事项或要求进行梳理和进一步具体化，以便各岗位履职和安全责任考核。

企业安全生产工作落实的具体表现主要有如下内容：制度建设、机构建立、安全台账、安全检查、教育培训、安全会议、人员管理、安全文化、安全生产投入、劳动保护、危险性较大工程管理、应急管理、职业健康、机械设备、特种作业、班组管理、施工现场管理、项目前期策划、危险源管理、隐患排查与治理和安全考评等内容。

（5）安全生产责任制考核标准的确定

企业责任制考核标准的制定应考虑责权利对等的原则，同时应满足易于考核、全面透彻、合乎实际、促进管理的要求。因此，制定责任制考核标准应紧密结合各岗位的安全职责，有针对性地制定。

2.4　安全教育培训体系

《中华人民共和国安全生产法》（2021年修正）对生产经营单位和从业人员进行安全生产教育培训做了明确规定。为了保证安全生产教育培训工作能够依法落实，国家安全监管总局2015年修正了《安全生产培训管理办法》，进一步明确了安全生产教育培训工作的原则，规定了安全生产教育培训考核的条件、标准等，对生产经营单位依照《中华人民共和国安全生产法》（2021年修正）中的相关规定开展安全生产教育培训工作提了具体要求，是指导生产经营单位从业人员安全教育培训工作的重要规范性文件，对加强安全生产

教育培训管理、规范教育培训考核行为、提高教育培训考核质量、提高安全
生产教育培训体系建设的可操作性和教育培训效果，促进安全生产形势的稳
定好转，具有十分重要的意义。

2.4.1 安全教育培训对象

根据《安全生产培训管理办法》（2015 年修正），教育培训对象为生产
经营单位从业人员，即主要负责人、安全生产管理人员、特种作业人员及其
他从业人员。

2.4.2 安全教育培训场所

临建项目在全线建立 1 处安全教育培训中心（安全体验馆）、若干处民
工学校，提供教育培训的必需条件，结合"质安文化进工地"活动，定期组
织全线各标段班组工人开展安全教育培训和体验活动。

安全教育培训中心建议设置安全体验、安全展示、安全知识考核、VR
虚拟现实体验等功能。同时利用安全教育培训中心，积极开展安全隐患随手
拍、安全合理化建议等活动，争创浙江省级"质安文化进工地"活动示范点。
安全体验馆如图 2-2 所示。

图 2-2　安全体验馆

2.4.3　进场人员三级教育

新工人参与施工作业前，必须经过公司、项目部、班组的安全教育培训。变更工种指待岗复工、转岗、换岗人员，上岗前必须经过专门的安全培训。采用新工艺、新技术或者使用新设备、新材料时，应当对有关从业人员进行有针对性的安全培训。

特种作业人员必须接受与本工种相适应的、专门的安全技术培训，经安全技术理论考核和实际操作技能考核合格并取得特种作业操作证后，方可上岗作业；未经培训，或培训考核不合格者，不得上岗作业。

2.4.4　安全技术交底

工程开工前，必须对现场所有人员（包括劳务分包单位所有现场人员）进行有针对性的安全交底教育。

危大工程施工前，施工单位应当对危大工程施工作业人员进行登记。项目技术负责人或者方案编制人员应当向施工现场管理人员、分包单位负责人进行方案交底。施工现场管理人员应当向施工作业班组负责人和作业人员进行安全技术交底，由双方共同签字确认，专职安全员应当参与班组安全技术交底工作，并监督实施过程。

2.4.5　工人班前教育

各班组每天在上工前，需开展班前安全教育。临建项目将通过视频监控手段和影像资料加大班前会的抽查力度，确保班前会召开率达到100%。为了提高班前会的安全教育质量，尝试制定教育班组手册，将各种类型班组的班前教育内容和程序予以固化，同时建立项目部、监理办管理人员联系班组制度，定期参加班前会，进一步提升班前会的质量和仪式感。工人班前教育培训如图2-3所示。

图 2-3 工人班前教育培训

2.4.6 典型事故案例教育

典型事故案例教育是安全生产教育的重要内容，用典型事故案例对广大职工进行安全教育，可以使职工从事故中吸取教训，受到启发，引以为戒；通过案例分析，可以使职工防范事故的能力得到有效提高。典型事故案例教育如图 2-4 所示。

图 2-4 典型事故案例教育

现实案例中重大、特大事故场面令人触目惊心，血淋淋的教训往往比一些常规的安全教育更加能够触动人的心灵，使人感到震撼，从而达到教育效果。临建项目拟利用隧道洞口、场站设置的屏幕滚动播放典型事故案例，让工人在生产和休息期间接受事故案例教育，促使其增强安全防范意识。

2.5　安全文化建设

安全文化是安全管理的灵魂，是触及职工灵魂深处的一种启迪和唤醒，能在潜移默化中激发职工的安全生产意识，让职工发自内心地行动起来，也是安全生产长治久安的根本保证。临建项目通过开展"我当一天安全员"、工人全家福照片墙、质安文化进工地、美丽班组、美丽工人、质量安全文化体验馆、安全生产月、安全生产大讲堂、SCORE 项目文化等活动，提高参建人员的安全红线意识，规范其安全行为，为安全生产工作创造团结和谐、积极向上的良好氛围，以文化管理促进项目安全实施。安全文化建设如图 2-5 所示。

图 2-5　安全文化建设

2.5.1　"美丽班组"创建

为深入贯彻落实党的二十大精神，夯实交通强省基础，临建指挥部在公路工程建设推进中，清醒地认识到项目部的班组是建设施工活动中最基层的单位，是项目最基础的生产管理组织。作为工程建设的最小单位，班组是安全生产的重要支撑，聚焦班组建设，是确保施工安全的基础和核心，更是着力解决建设项目存在的各类安全问题的关键环节，因此临建项目在工程建设中把班组安全管理当作一项重要工作来抓。在借鉴已有成果和经验的基础上，充分发挥施工项目主体作用，各项目部开展"美丽班组"创建活动，将班组安全建设作为重要内容，涵盖生产过程、资料信息、环境管理等方面，通过"美丽班组"文化建设，形成人人都要争创"美丽班组"的氛围，逐步做到"把要求变成标准，让标准成为习惯"，综合措施合理推进，解决工程建设"最后一公里"的安全难题，为班组标准化创造条件。"美丽班组"创建如图2-6、图2-7所示。

图 2-6   "美丽班组"创建（一）

图 2-7   "美丽班组"创建（二）

2.5.2　"最美工人"评选

建筑工人作为工程施工一线作业人员，直接参与工程项目施工作业，是项目安全生产管理中最主要的管理对象。

为弘扬新时期安全作业人员的精神风貌和时代风采，激发先进典型，丰富安全文化内容，延伸安全生产触角，在项目乃至全社会大力营造"关心生产、关注安全"的良好氛围，临建项目要求各项目部采取多种方式宣传、开展"最美工人"评选以及向"最美工人"学习的活动，以彰显"重视劳动，重视安全"的价值导向，树立工人学习的新典型、新楷模和新榜样，营造安全文化建设在安全生产领域的浓厚氛围，将个体意识转化为全员的群体意识、自觉追求和行为习惯，引导工人"安全生产，劳动奉献"，使劳动首先要确保安全的观念深入人心，营造安全生产文化氛围，促进建设项目安全生产健康发展。"最美工人"评选如图 2-8 所示。

图 2-8　"最美工人"评选

2.5.3　SCORE 管理模式

SCORE 项目打破了自上而下的传统管理模式，让员工感受到自己拥有项目管理的话语权，充分建立双向沟通渠道，增强了员工对项目建设的融入感、认同感、责任感、使命感，实现了员工职业素养提升。全员参与 SCORE 项目和持续改进的特色与安全文化创建殊途同归，临建项目在全线着手推进 SCORE 项目建设工作，使领导管理方式转变和升级，让领导层和一线员工紧密联系在一起，拉近管理者与工人的距离，树立作业工人主人翁意识，提升参建工人素养、责任意识、自主意识，提升工人参与项目安全管理的热情，逐步使施工班组养成自查自纠习惯，改善安全生产条件，解决安全工作深层次问题，引导参建人员在更高的精神层面积极、主动响应，助力安全生产水平的持续提升。SCORE 项目文化如图 2-9 所示。

图 2-9　SCORE 项目文化

2.5.4　质安文化进工地

根据浙江省交通建设工程监督管理局《关于进一步深化全省在建公路水运工程"质安文化进工地"活动的通知》（浙交监〔2016〕2 号）的有关精神，充分发挥质安文化对交通建设工程的引领、宣传和示范作用，提升交通建设工程水平。临建项目按照"场貌规划美、文化设置美、活动形式美、管理行为美、社会形象美"的建设要求，结合本项目的施工特点，要求各项目部在施工现场设置"三牌"（质安文化标语宣传牌、质安文化知识宣教牌以及质安管理告示牌）、"一台"（班前质安讲台）、"一墙"（质安文化墙），涵盖质安文化、企业文化、质量安全管理要点、交通时事、安全小贴士等内容。对安全生产知识要点的宣传推广，有助于参建人员改正不安全、不规范的施工习惯，增强参建人员的质量安全意识，积极营造"人人讲质量、时时重安全"

的浓厚氛围。质安文化进工地如图 2-10 所示。

图 2-10　质安文化进工地

2.5.5　安全生产月

临建项目建设期间，指挥部要求各监理办和各项目部每年根据当年的安全生产活动月主题，以及上级部门的文件要求进行谋划，5 月份完成有关活动方案，6 月份按照活动方案正式实施和总结。活动的主要内容是大力宣传和落实党和国家关于加强安全生产工作的重大决策部署和法律法规，普及安全知识，强化安全意识，弘扬安全文化，提升安全素质，营造安全氛围，促进全国安全生产状况持续稳定好转。安全生产月活动如图 2-11 所示。

图 2-11 安全生产月活动

2.5.6 安全生产大讲堂

为强化临建项目参建人员的安全意识，大力弘扬"以人为本、生命至上、安全第一"的发展理念，着力营造人人关注安全、人人参与安全、人人监督安全的良好生产氛围，临建项目根据项目情况组织各单位开展"安全生产大讲堂"活动，包括技术培训大讲堂、事故分析大讲堂和作业现场大讲堂。通过"专家讲、领导讲、员工讲"和"你来讲、我来讲、大家讲"等形式，将传统的"一人讲、多人听"的灌输式培训方式，变为"人人讲、大家谈"的互动式培训方式，营造"人人上讲台，个个当专家"的浓厚氛围，在保障人身、设备安全等方面激发全员的安全意识、责任意识，突出"汇聚正能量、共守生命线"的关键价值，全面加强队伍建设，提高工作实效。安全生产大讲堂如图 2-12 所示。

图 2-12   安全生产大讲堂

2.5.7   质量安全文化体验馆

研究表明，作业人员的不安全行为是导致事故的最主要原因，不安全行为导致的建筑施工安全事故占全部建筑行业安全事故的 90%。安全意识不强又是导致不安全行为出现的最主要原因。因此，减少生产安全事故，最重要的是增强作业人员的安全意识，传统的说教收效甚微。如果能让作业人员"亲自"经历一次安全事故，教育效果将大大提高。为此，临建项目建设了现代化的质量安全文化体验馆，设置了产业工人培训中心。VR 技术结合电动机械创建与现实社会类似的环境，让体验者感受施工过程中可能发生的各种危险场景，增强学习内容的震撼性，激发一线工人主动参与安全教育的积极性。体验内容包括事故类警示教育、岗位危险告知、职业健康等，同时增强监管力度，保证一线施工人员都有牢记施工安全管理的理念，更有效地提升作业人员的安全意识和安全技能水平。质量安全文化体验馆部分体验项目如图 2-13 所示。

图 2-13　质量安全文化体验馆部分体验项目

2.5.8　"我当一天安全员"

为了让临建项目的不同岗位人员体验安全岗位，推进岗位理解，促进各部门职工相互学习，增强各岗位的安全红线意识，营造"安全管理，人人有责"的安全生产管理氛围，各项目部、监理办组织开展了"我当一天安全员"活动，让各单位各部门人员在做好本职工作的前提下，兼职做一天安全员，主要针对习惯性违章行为、设备违章操作、现场安全文明施工不到位、消防设备和作业环境的危险点、隐患等方面进行检查工作。从亲身体验、换位思考等不同视角发现安全管理上的一些漏洞，调动职工参与安全作业监督管理的积极性，进一步落实"人人懂安全，人人重安全"理念，提高全体职工的安全管理意识和能力，进一步推动项目部安全文化的创建工作，营造安全生产工作"人人抓，人人管"的良好氛围，让每名职工亲身体验安全工作，进而提高项目安全生产管理水平，丰富安全生产监督形式，形成临建项目安全管理工作齐抓共管的良好局面。安全文化建设如图 2-14 所示。

图 2-14　安全文化建设

2.5.9　工人全家福照片墙

交通建设工程施工危险性高，怎样防止和避免安全事故的发生和如何增强施工工人的安全意识成为行业最关注的问题。为破解这些难题，临建项目推出亲情式安全管理模式，要求各项目部在施工临时住宿区、施工现场明显位置张贴施工工人的全家福照片，并配以其家人朴实的话语，例如"老公，注意安全，我们等你回来""爸，辛苦了，我会好好学习"等等，通过亲情理念感化施工工人，增强安全责任意识，通过创新安全生产警示的方式，真正让安全理念入脑入心，做到让每一个工人"高高兴兴上班，平平安安下班"。安全员文化建设如图 2-15 所示。

图 2-15　安全员文化建设

2.6　人员管理

根据《安全生产培训管理办法》（2015 年修正），教育培训对象为生产经营单位从业人员，即主要负责人、安全生产管理人员、特种作业人员及其他从业人员。

2.6.1　班前文化教育

新工人入场必须经过公司、项目部、班组三级安全教育培训，转岗、换岗人员上岗前必须经过专门的安全培训，采用新工艺、新技术或者使用新设备、新材料时，应当对有关从业人员进行有针对性的安全培训。特种作业人员必须接受与本工种相适应的、专门的安全技术培训，经安全技术理论考核和实际操作技能考核合格，取得特种作业操作证后，方可上岗作业。

各班组每天在上工前，需进行班前安全教育。临建项目通过质量安全文化体验馆、民工学校、"质安文化进工地"活动和屏幕滚动播放典型事故案例等方式开展多样化安全教育管理工作。

2.6.2　班组作业安全标准化

（1）工作流程

班组作业安全标准化的主要流程包括班前会、班中巡查和班后总结三个环节。班前会即班组作业前召开的会，由班组长向班组成员布置工作任务、传达工作要求和开展安全教育。班中巡查由安全员或技术员负责落实，根据班组情况确定检查频率，检查内容主要包括设备运行情况、作业环境危险因素及"三违"行为等，并填写检查表格。班后总结是指班组作业结束后，由班组长主持，对当天工作任务及执行安全规程情况进行总结并填写日志，对表现好的或违章作业的班组成员分别给予表扬或批评。在上述各环节中，项目部和监理办通过现场巡查、视频监控及内业检查等方式确保相关工作的正常开展。班前会、班中巡查和班后总结如图 2-16—图 2-18 所示。

图 2-16　班前会　　　　　　　　　　　　图 2-17　班中巡查

图 2-18　班后总结

（2）班前教育手册和班中巡查表格

针对班前教育流于形式、教育的针对性和完整性不强等通病，临建指挥部编制了班前教育手册，内容涵盖高速公路各分部分项工程施工作业，针对不同作业分别制订班前教育的主要内容，语言通俗易懂、简洁明了，并将班前教育手册印发给班组长和安全员，用于班前教育，解决班前教育"讲什么"的问题。

针对班中巡查的具体内容不明确、安全员和技术员能力不足、检查存在走过场或不履行等问题，临建项目针对不同的分部分项工程施工作业，分别制订了班中巡查表格，明确了班中巡查应该检查的主要安全内容，包括设备情况、"三违"行为、安全措施及环境因素等，要求具有针对性，简明扼要，抓住重点，采用问答式表格形式（列出检查项，以"是、否"来表示检查符合项），由检查人员负责填写，并签字确认，解决班中巡查"查什么"的问题。

（3）"三循环"机制

临建项目加强和改善日循环、周循环和月循环的"三循环"机制。日循环主要流程为召开班前会、开展班中巡查、落实班后总结。周循环的主要内容为班组每周对所用施工器具、用电设施等进行检查和保养，发现问题及时反馈至项目部，由项目部负责对问题设备进行维修、更换，同时每周组织一次大清扫，对工作场所进行整理整顿，由班组长组织，班组成员参加。月循环的主要内容为项目部每月开展一次安全教育和检查，针对班组日循环和周循环工作开展检查和考核，形成班组考核结果，由项目部安全管理部门负责记录和资料归档工作。

（4）交流和激励机制

组织开展班组管理交流系列活动；组织开展形式各样的标准化现场交流会；选拔各标段优秀班组长、工人组成巡回交流团，开展班组安全标准化管理经验交流活动，全面提升安全生产标准化水平；开展"质量安全隐患随手拍""质量安全模范评选""质安红黑榜"等活动，发动全体工人争当质量安全监督员，共同查找、消除质量安全隐患。

各项目部成立考核小组，制订具体的考核细则与奖惩办法，结合班组"三循环"开展情况，定期进行班组安全标准化考核评比，以正式文件通报考核结果，并落实奖惩措施，对考核优秀班组和优秀工人给予奖励，对考核不合格班组给予处罚。班组标准化建设如图 2-19 所示。

图 2-19　班组标准化建设

2.7　机械设备管理

2.7.1　钢筋工程施工科技化

钢筋加工场机械化和自动化施工能够减少人力投入，降低工人劳动强度，提高工作效率，提升现场文明施工形象，从源头上管控物的不安全状态和人的不安全行为。临建项目在钢筋车间推广"钢筋车间九台套（a. 切割、墩粗、套丝、打磨"四机一体"生产线；b. 加强筋自动弯曲焊接机；c. 滚焊机；d. 棒材下料生产线；e. 数控弯曲中心；f. 盖梁骨架自动焊接机械手；g. 数控弯曲机；h. 盘圆调直剪切机；i. 小型智能数控弯曲机）"，要求各项目部在施工过程中不断推进机器减人、机器换人，提升安全水平。"钢筋车间九台套"设备分别如图 2-20—图 2-28 所示。

图 2-20 "四机一体"生产线

图 2-21 加强筋自动弯曲焊接机

图 2-22 滚焊机

图 2-23 棒材下料生产线

图 2-24 数控弯曲中心

图 2-25 盖梁骨架自动焊接机械手

图 2-26　数控弯曲机

图 2-27　盘圆调直剪切机

图 2-28　小型智能数控弯曲机

2.7.2　隧道工程施工科技化

临建项目隧道数量多，占比大，在隧道施工中推广"两机（多臂凿岩机、自动湿喷机械手）、一桥（自行液压仰拱栈桥）、六台车（多功能立拱台车、二衬预检台车、多功能防水作业台车、带逐窗入模浇筑系统二衬台车、二衬养护台车、电缆沟槽台车）"台套，并力求将相关设备集成化，如各类台车的集成，实现一台机械多种功能。各项目部通过"机器换人"提高设备机械化、智能化水平，大幅度减少作业人员数量和降低工作强度，提高作业效率，减少安全事故隐患。"两机、一桥、六台车"台套分别如图 2-29—图 2-37 所示。

图 2-29　多臂凿岩机

图 2-30　自动湿喷机械手

图 2-31　自行液压仰拱栈桥

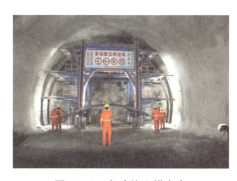

图 2-32　多功能立拱台车

图 2-33　二衬预检台车

图 2-34　多功能防水作业台车

图 2-35　带逐窗入模浇筑系统二衬台车

图 2-36　二衬养护台车

图 2-37　电缆沟槽台车

2.7.3　桥梁工程施工科技化

临建项目部分桥梁采用预制装配化施工墩柱、盖梁,并在全线大范围推广应用装配式护栏,装配化减少了大量工人暴露在恶劣自然条件下的施工时间,降低了安全风险。同时,临建项目推广盖梁钢筋骨架整体加工与安装施工,相比传统的盖梁钢筋加工,更注重工厂化、标准化,钢筋骨架全部在钢筋加工场内完成,采用整体加工、整体吊装,省去了大量工人高处作业的环节,在提升施工质量的同时,确保了施工安全。

临建项目预制梁场推广采用整体液压模板,在使用过程中,相较于传统模板,不但提高了预制梁施工质量,而且在梁板预制中的模板组装、拆卸上更方便、快捷,缩短了施工时间,节省了人力。在降低施工成本的同时,由于整体液压模板依靠轨道行走,还减少了大量的吊装工作,在安全生产方面显著降低了安全风险。在起重设备门式起重机上，推广应用红外线防撞系统和液压自动锁轨系统，保障起重机运行安全。预制场整体液压模板如图 2-38 所示。

图 2-38　预制场整体液压模板

2.7.4　路基路面施工科技化

临建项目对路基路面施工设备台套进行规范，提升了机械化和科技化水平，确保了施工质量和安全。为提高工程车辆和路面碾压摊铺设备的安全性，拟推广安装可视化倒车系统和 GPS 系统，有效降低因倒车盲区造成的风险，并实现全方位的车辆定位、车辆行驶路线跟踪、目标查找和轨迹回放等功能，将车辆信息上传至 App 中备查，支持位置查询、车辆追踪查询等多种查询方式。施工车辆盲区显示及防撞报警系统如图 2-39 所示。

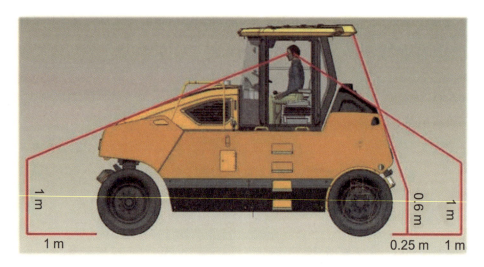

图 2-39　施工车辆盲区显示及防撞报警系统

2.8　双重预防管理体系

按照国务院安委会办公室发布的《关于实施遏制重特大事故工作指南构建双重预防机制的意见》（安委办〔2016〕11 号），建立健全安全风险分级管控和隐患排查治理的工作制度与规范，完善技术工程支撑、智能化管控、第三方专业化服务的保障措施，实现生产全过程风险辨识、评估、管控，隐患排查治理，消除事故根源，形成政府领导有力、部门监管有效、企业责任落实、社会参与有序的工作格局，提升安全生产整体预控能力，夯实遏制重特大事故的坚强基础。

在生产过程中，生产安全事故风险和隐患是客观存在的，两者虽然不是事故，但可能导致事故发生，如果能及时发现风险和隐患，并进行有效管控和治理，事故发生的可能性就会极大地降低。因此，将风险管控与隐患排查两个体系有机结合，准确分析和把握安全生产的特点、规律，坚持风险预控、关口前移，坚决防范和遏制重特大事故的发生。

结合临建项目自身的特点，双重预防机制建设分别从目标、体系、内容、原则和实施 5 个层面提出"1245"安全管理模式。双重预防机制"1245"安全管理模式如表 2-3 所示。

表 2-3　双重预防机制"1245"安全管理模式

安全管理模式	注释	内涵
"1245"	"1"（1 个目标）	遏制重特大事故发生，提高项目本质安全水平
	"2"（2 道防线）	风险分级管控、隐患排查治理
	"4"（4 个原则）	风险优先原则、系统性原则、全员参与原则、持续改进原则
	"5"（5 项落实）	责任落实、措施落实、资金落实、时间落实、信息化落实

该安全管理模式符合实际情况，满足双重预防机制建设的要求，有助于临建项目有效地构建双重预防机制，提高项目本质安全水平。

2.8.1　1 个目标

"1"代表 1 个目标，构建双重预防机制的主要目标是遏制重特大事故发生，提高项目本质安全水平，与"无主要责任事故，无一般及以上安全生产责任事故，无生产安全人员死亡、较大经济损失责任事故发生，无火灾、爆炸、中毒、车船碰撞、管线破坏等社会影响较大事故发生"的项目控制性目标保持一致。

2.8.2　2道防线

"2"代表2道防线，双重预防机制是构筑防范生产安全事故的2道防火墙。第1道防线是管风险，以安全风险辨识和管控为基础，从源头上系统辨识风险、分级管控风险，努力把各类风险控制在可接受范围内，杜绝和减少事故隐患。第2道防线是治隐患，以隐患排查和治理为手段，认真排查风险管控过程中出现的缺失、漏洞和风险控制失效环节，坚决把隐患消灭在事故发生之前。风险分级管控和隐患排查治理2道防线相辅相成，形成预防事故的2道防线。

2.8.3　4个原则

"4"代表4个原则。一要坚持风险优先原则，以风险管控为主线，把全面风险辨识和严格管控风险作为安全生产第1道防线，解决"认不清、想不到"的突出问题。二要坚持系统性原则，利用安全系统工程的相关理论，系统性开展建设工作。三要坚持全员参与原则，确保责任明确，基层班组成员不缺席。四要坚持持续改进原则，持续开展双重预防机制建设工作，促使其深化及完善。

2.8.4　5项落实

"5"代表5项落实。一要落实主体责任，健全安全生产责任制和网格化管理。二要落实措施，形成Ⅲ级以上风险源清单和常见安全隐患清单。三要落实资金。四要落实时间，切实保障体系建设顺利开展。五要落实信息化，以实现安全主动及动态化管理，符合时代发展的相关要求。

在安全风险管控方面，一是临建指挥部委托安全评估单位开展施工安全总体风险评估，编制《施工安全总体风险评估报告》，得出临建项目总体风险评估结论，并组织专家进行论证。二是在施工安全总体风险评估的基础上，各项目部结合各自合同段的施工组织设计文件及施工图设计文件等，对合同段内的单位工程进行作业活动分解，根据合同段的地质环境条件、建设规模、结构特点等风险环境和致险因子，开展风险普查、风险分析、风险估测，确定风险等级，提出措施建议，编制各施工合同段的《施工安全专项风险评估报告》，并组织专家进行论证，用于指导各合同段施工安全风险控制管理工作。三是各项目部梳理并列出危险性较大分部分项工程清单，根据风险辨识相关结果，形成Ⅲ级以上风险源清单，明确管控措施，并按照安全生产责任制和网格化管理要求，明确相关责任人。四是各项目部依照各自合同段编制的危险性较大分部分项工程清单，在施工组织设计的基础上，结合施工进度安排情况，针对危险性较大分部分项工程编制危险性较大分部分项工程专项施工方案。监理办针对工程特点、周边环境和施工工艺等，编制安全监理细则，制订安全监理工作流程、方法和措施。五是在危险性较大分部分项工程施工前，项目技术负责人或者方案编制人员应向施工现场管理人员、分包单位负责人进行方案交底。施工现场管理人员应向施工作业班组负责人和作业人员进行安全技术交底，专职安全员应参与班组安全技术交底工作，并监督实施情况。监理办应对危大工程施工前的安全生产条件进行核查。六是在危险性较大分部分项工程施工过程中，项目部技术负责人或者方案编制人应定期对方案的实施情况进行现场巡查，专职安全员应当进行现场监督。监理办对专项施工方案实施情况进行现场监理。

在隐患治理方面，一是各项目部制定安全生产隐患排查治理制度，包括安全检查、风险评估、告知（预警）、隐患治理、整改验收、建档监控、信息报告、资金保障、举报奖励等内容。二是各项目部、监理办建立隐患日常排查、定期排查和专项排查工作机制，明确隐患排查的责任部门和人员、排查范围、程序、频次和整改等要求，及时发现安全生产隐患并消除，重点对危险性较大分部分项工程进行安全生产隐患排查。三是对于一般隐患，应立即整改到位；对于重大隐患，应当制订重大隐患治理专项方案，限期进行整改。四是依托项目动态信息管理平台，将常见安全隐患清单等有关内容纳入智监云 App 隐患排查模块，实现隐患的快速排查和整改。另外，为解决专项施工方案和现场施工"两张皮"的问题，将专项施工方案的核心内容上传至动态管理系统，实现在智监云 App 中的快速查阅。为提高安全管理人员的工作效率，在增强各单位安全管理力量的同时，尝试实现智监云 App 隐患排查模块信息化管理和无纸化办公双功能，从现场排查回来即可自动生成整改通知单等安全内业台账。智监云 App 隐患排查模块界面如图 2-40 所示。

图 2-40   智监云 App 隐患排查模块界面

2.9   安全生产费用管理

项目安全生产费用应用于完善和改进项目安全生产条件，安全生产费用管理应坚持"规范计取、合理计划、计量支付、确保投入"的原则。临建项目在编制工程招标文件时，已根据《中华人民共和国安全生产法》（2021年修正）、《企业安全生产费用提取和使用管理办法》、《公路水运工程安全生产监督管理办法》（交通运输部令2017年第25号）、《浙江省安全生产条例》、《浙江省交通投资集团有限公司安全生产费用计提（计列）和使用管理办法》（浙交投〔2014〕308号）等规定，明确了安全生产费比例、计量支付方式与时限、具体使用要求、调整方式等内容。

2.9.1　使用计划管理

安全生产投入的使用管理应明确项目、金额、实施日期、实施方式方法及效果、负责实施的单位和责任人，做到有计划、有实施、有检查、有监督。

①项目部应当建立项目安全生产费用管理制度，规范安全生产费用的使用和计量，根据施工组织设计和项目实际，编制总体、年度、月度安全生产费用使用计划，并上报监理办，审核后实施。

②监理办按照有关规定对项目部安全生产费用的使用情况进行监理，发现项目部未落实安全生产费用或者施工现场存在安全隐患需要加大安全生产费用投入的，应要求其改正，项目部拒不改正的，可以下发停工令，并向临建指挥部报告。

③施工单位应当根据招投标文件的要求，编制当月投入使用的安全生产费用使用报表（按项目清单编制，附相关凭证）及下个月的安全生产费用使用计划，经项目负责人签字盖章后与当月工程款计量支付表同时报送监理工程师审核。监理工程师收到安全生产费用使用报表后，应当在7日内对施工单位的安全生产费用使用报表进行审核，核实无误后予以签字确认。

2.9.2　计量支付管理

安全生产投入是企业从事生产经营活动中，为了保证生产安全必须具备的关于人、财、物等方面的合理资源配置。为保证安全生产投入的有效实施，按照"项目提取、确保需要、单位统筹、规范使用"的要求进行管理。

①临建指挥部与施工单位签订的合同协议中应明确安全生产费用的使用清单、数额、计量支付方式与时限、具体使用要求、调整方式等条款。

②安全生产费用应当据实列支，实行清单单价计量和总价包干计量相结合的方式。能够以具体单位数量进行计量的，应当采用清单单价计量，在合同约定的提取标准额度内据实列支；无法以具体单位数量进行计量的，可以采用总价包干计量。

③建设项目实际工程量超过合同约定的，安全生产费用根据实际工程量以及费用提取标准确定的额度据实列支。实际工程量少于合同约定的，安全生产费用的提取额度不变，据实列支。

④能够重复使用的安全生产设施、设备，应当按照摊销后的使用费用计列，具体费用依据下列条款在合同中予以约定。合同未约定的，由指挥部、监理单位根据实际情况进行确定或者扣除残值后计列。

a.推行定型化、装配式的施工安全防护设施，如墩柱、现浇结构施工的装配式安全爬梯、桥面施工的安全作业平台、定型化临边护栏等，综合考虑施工、安全、物品残值、人工机械转运等方面的因素，以购买价发票金额的80%进行包干计量。对于旧的定型化、装配式的施工安全防护设施或标准化程度一般的通道、平台，以购买价发票金额的50%进行包干计量。租用安全防护设施、设备以租金形式给予计量，计量总价不得超过物品购买价发票金额的70%。

b.无法采用定型化、装配式施工安全防护设施的，经临建指挥部批准，采用现场自制的安全防护设施，发生的人工、材料、机械等费用可参照浙江省交通工程管理中心发布的《质监与造价》及地方发布的《人力资源市场工资指导价位及人工成本信息》中的有关价格的信息（投标前1个月的信息价），合理组价，扣除残值（如有）后据实计量。

c. 不适用以上条款，能够重复使用的安全生产设施、设备等应以平均年限法计算折旧率，计算公式如下：

年折旧率＝（1－预计净残值率）/ 预计使用年限 ×100%

使用年限的确定，依据《中华人民共和国企业所得税实施条例》第60条，难以界定使用年限的由临建指挥部与审计、监理单位共同商议确定。

⑤安全生产目标考核奖励，原则上不应高于总额的5%，其中对优秀施工班组和施工人员的安全奖励总额不低于总额的3%。

⑥教育培训单项费用不超过安全生产费用总额的5%。聘请专家进行授课的，授课费参照《浙江省财政厅关于调整省级机关会议费培训费有关规定的通知》（浙财行〔2018〕1号）执行，委托专业机构组织培训的据实计量；工人参加培训的费用支出按人次计量，标准参照合同中对计日工的相关约定执行，合同没有约定的可参照当地最低工资标准执行。

⑦施工单位安全投入所附发票抬头应与施工单位公章相对应，仅有施工单位抬头的发票必须在备注栏注明标段名称。

⑧安全生产费用应当与工程款同步报批计量。

⑨施工单位应当根据招投标文件中的要求，编制总体、年度安全生产费用使用计划，由项目经理签字后上报监理单位审核，再报临建指挥部安全处审批。施工单位应当每月编制安全生产费用使用计划表，由项目经理签字后上报监理单位审核。

⑩项目施工过程中，施工单位应当按照合同约定和安全生产费用使用计划，根据实际情况编制本计量周期投入使用的安全生产费用使用审核表、使用清单细目、使用计量单及其附件资料，经专职安全员与项目经理签字盖章

后，报送监理单位审核。

⑪监理单位收到安全生产费用计量资料后，应当在 5 日内对计量资料进行审核，核实无误后签字确认所发生的费用，再按流程上报临建指挥部审批。

⑫临建指挥部安全处和跟踪审计单位应当在 3 日内对安全生产费用计量资料进行复核，确认后经临建指挥部分管安全副指挥签字按审批流程完成审批并支付费用。

⑬总承包单位依法将工程分包的，分包合同中应当明确分包工程安全生产费用以及支付条款，总承包单位应当按分包单位在工程现场实际发生的安全生产费用支付给分包单位，并且监督使用。

2.10　安全技术

《建设工程安全生产管理条例》（国务院令第 393 号）进一步规范了建设工程的安全生产行为，明确了安全生产的基本原则和主要制度，也为安全生产监管部门提供了行政执法依据。

夯实安全生产基础，落实安全生产责任，确保临建项目安全生产管理各项工作制度化、规范化、标准化。

工程开工，对现场所有人员（包括劳务分包单位所有现场人员）进行有针对性的安全交底教育。

在危大工程施工前，施工单位应对危大工程施工作业人员进行登记。项目技术负责人或者方案编制人员向施工现场管理人员、分包单位负责人进行方案交底。施工现场管理人员向施工作业班组负责人和作业人员进行安全技术交底，并由双方共同签字确认，专职安全员参与班组安全技术交底工作，并监督实施情况。

2.10.1 综合安全咨询

近年来，社会各界对安全管理的要求越来越高，当前仍处于基建高峰期，项目部、监理办优质安全管理人员缺乏的情况较突出。为了弥补基层安全生产管理能力的不足，提升临建项目安全生产管理专业化水平，临建指挥部引入交通建设行业专业服务单位提供项目综合性安全生产咨询服务，协助建设单位进行安全管理。综合安全咨询单位现场工作照片如图 2-41 所示。

主要服务内容如下：

①建立健全安全生产管理体系，制定安全管理体系中的安全管理制度，编写安全生产应急预案，组织专家评审，形成评审意见，并持续完善相关安全制度及应急预案。

②编制安全大纲、安全实施细则、安全生产管理方案，谋划安全管理顶层设计，策划安全管理亮点，指导项目安全管理。

③开展施工现场安全检查和隐患排查工作。结合临建项目的工序和开展情况，针对临时设施建设、临时用电、机械设备、特种作业、危大工程、消防安全、交叉作业、"三防"预案和内业台账等安全生产工作项目开展专业的安全检查。

④安全教育培训。安排相关专家，对项目人员进行安全生产教育培训。

⑤协助建设单位开展专项安全风险评估、专项施工方案、重大风险源及危险性较大分部分项工程清单等审查工作，按照动态管理的原则指导建设单位开展预警预控工作。

⑥协助开展 SCORE 项目前期策划、试点过程实施、管理、验收等工作。

⑦协助开展安全生产相关科研创新、评奖评优等工作。

⑧制订"平安工地"创建、"安全生产月"等活动计划和目标，完善"平安工地"创建、"安全生产月"等活动的相关资料，协助项目部开展安全评

奖评优工作。

⑨协助有关安全事故的调查、报告和善后处理工作。

⑩制订本项目安全技术管理服务专项方案。

⑪根据本项目的安全形势，采集汇总上级单位其他项目的安全形势，编写本项目的安全形势整体分析报告。

⑫编制施工期的安全管理大纲、方案、手册，用于指导本项目的安全生产工作。

⑬对项目安全生产过程中的问题、解决方案、实践经验、图册等进行总结和提炼，编写并出版本项目施工全过程安全管理特色书籍。

图 2-41　综合安全咨询单位现场工作照片

2.10.2　特种设备技术安全咨询

特种设备安全管理一直是交通建设行业安全管理的重难点，由于项目部大型设备管理制度不完善、检修保养流程不科学、操作人员水平参差不齐等，造成设备在项目生产中存在较多安全隐患。本项目设备种类多、数量大、工作环境复杂，设备管理专业性要求较强，参建各方管理力量很难形成有效管理，同时由于特种设备的特殊性，事故发生易造成重大人员伤亡和经济损失，各参建单位在特种设备安全管理方面有较大压力。为提高参建各方设备管理的专业技能，完善设备安全管理程序，综合提升本项目对特种设备的安全管理能力，及时发现和消除设备安全隐患，防范设备安全事故的发生，临建项目引入特种设备第三方服务公司，提供设备安全管理专项服务。服务主要内容一般包括：

①完善管理体系。指导项目部完善设备安全管理网络、设备安全操作规程、日常维护保养等制度和设备事故应急预案。

②办理相关法定证件。协助各项目部进行特种设备的报检、检验，保障检测的时效性，并协助办理使用登记证。

③设备定期自检验收。协助各项目对特种设备依照规范要求定期进行自检、维修、保养等工作。

④安全教育培训。定期组织专家到现场进行特种作业人员和管理人员的安全教育与专业知识培训；组织、协调特种作业证书颁布机构与各项目部进行人员考核、取证、复审。

⑤设备安全检查。定期安排专家团队到现场开展设备专项安全检查工作，以安全检查报告形式，对检查中发现的安全问题、安全隐患提出有针对性的对策。

⑥技术咨询服务。协助审核涉及大型特种设备安全方案的内容，指导设备选型，引入先进的适用的设备安全管理经验、设施。

2.10.3 安全管理程序化

安全管理程序化主要包含以下内容：

①安全管理制度建立落实情况；专项施工方案编制、论证和审批情况；特种设备轨道基础和施工便道的设计、施工与验收情况；特种设备使用登记情况；运输车辆与驾驶人员管理情况。

②特种设备使用现场安全管理：特种设备限位、限重、防风等安全装置

设置情况；特种设备施工安全距离保持情况；特种设备电气系统安全状况；钢丝绳、吊具安全状况。

③施工便道现场安全管理：施工便道宽度、坡度等技术标准落实情况；安全警示标志、标牌和防护设施设置情况；交叉路口等部位施工便道的交通组织情况。

④运输车辆现场安全管理：运输车辆安全装置设置情况；超载运输、无证运输、遮挡污损号牌、超速行驶和人货混运行车等违法行为；运输车辆环保措施落实情况。

2.10.4　高处作业防坠落

高处作业防坠落内容如下：

①作业人员的安全条件：高处作业人员的安全教育、入场考核、健康体检和岗位风险告知交底等情况；高处作业、支架搭拆等特种作业人员持证情况；延伸追查各参建单位安全生产管理职责履行情况。

②安全防护用品使用规范现象：高处作业人员的安全带、安全帽等安全防护用品规范使用情况；特定区域安全母绳设置、防坠器配备等情况，延伸到安全防护用品采购、发放、产品质量等情况；"网格化"责任制和考核奖惩机制等建立情况。

③通道标准化规范现象：高边坡、高墩柱、盖梁、桥面系、高支模、挂篮等高空作业安全通道设置情况及其规范性；临边防护设施和临水临崖等部位是否采用定型化、装配式的作业通道和平台情况。

④临边孔口安全防护情况：各类高处作业场所临边护栏高度、牢固度，人员上下交叉区域挡脚板设置情况；孔口盖板、围挡或安全网等设置情况；延伸到高处作业危险区域安全标志标牌设置情况。

⑤高处作业基础条件：高处作业上下通道设置标准化、连接稳固性等情

况；作业平台宽度、稳固度等情况；特殊条件下登高车配备及使用情况；夜间高处作业照明设施配备情况；延伸到超过一定规模的高处作业专项施工方案编制、论证、审批及落实等情况。

⑥其他高处作业不安全情况：桥面湿接缝、负弯矩张拉、横隔板、防撞护栏施工等的挂篮、吊篮设置情况。

2.10.5　特种技术设备安全管理

特种设备使用严格执行有关安全生产的法律法规的规定，严格执行以岗位责任制为核心，包括安全技术档案管理、安全操作常规检查、维护保养、定期检验，以及事故应急措施和应急救援预案等特种设备安全使用与运营的管理制度。

（1）特种设备进退场程序

特种设备进场前置条件：在特种设备选型时充分考虑设备已使用年限、使用环境、起吊重量等因素，对老旧特种设备进行结构探伤或整体安全评估，经探伤不合格的、评估不达标的特种设备严禁使用。

特种设备进场执行"报验制"，即在特种设备进场前，对关键受力构件焊接情况、老旧特种设备的隐蔽受力构件等要核查到位，经相关各方验收合格的特种设备方可进场使用；特种设备退场执行"报备制"，即在特种设备退场时，由相关各方签字确认特种设备已不在本单位范围内使用。

（2）特种设备安拆方案编审及落实

大型特种设备安装、拆除专项施工方案的编制、审核、论证、审批等工作应符合相关法律法规和文件要求，特种设备的安装、拆除工作必须选择有合法资质的专业单位开展，并通过合同约定双方的安全生产责任，相关单位应安排专人做好旁站监督，确保专业分包单位按照方案施工。架桥机、龙门吊、塔吊等大型特种设备在严格按规定安装相关监控设施的基础上，积极引入先进的适用的安全监控预警系统。

（3）特种设备及人员证件办理

确保特种设备取得检验合格证，严格按照规定在投入使用1个月内办理使用登记证，无法及时办理的必须暂停使用、清退出场。特种设备操作人员必须持合法、有效的操作证件，严禁无证操作或证件不符人员操作，行车遥控器不用时必须置于专柜并上锁。

（4）特种设备信息公示

特种设备检验合格证、使用登记证、操作人员证件和操作规程、注意事项等信息应在指定位置进行张贴公示，确保所有公示牌样式统一、同类型特种设备公示牌大小和公示位置统一，特种设备退场应清除相应信息公示牌。

（5）安排专门部门、专业人员对特种设备的日常使用进行检查和维护保养，严格遵守"十不吊"操作规程。确保大型特种设备在下班后和恶劣天气影响下的安全管控措施落实到位。确保防脱钩装置、限位器、缓冲器、钢丝绳等易损件完好或及时更换，确保特种设备运行基础和专用吊具符合要求，确保日常巡查、保养维修等记录资料及时、完整、真实。

2.11　应急救援管理体系

《国务院关于进一步加强企业安全生产工作的通知》提出，建设更加高效的应急救援体系，主要包括加快国家安全生产应急救援基地建设，建立完善企业安全生产预警机制，完善企业应急预案。通知还强调要与当地政府应急预案保持衔接，并定期进行演练。

临建项目从应急预案编制、应急保障、预案演练、预案修订等方面按照有关要求建立科学高效的应急救援管理体系，使应急管理有据可依、有章可循，尤其是通过培训和演练，使应急人员熟悉自己的任务，具备完成指定任务所需的相应能力，并检验预案和行动程序，评估应急人员的整体协调性，有利于做出及时的应急响应，控制和防止事故进一步恶化。应急行动对时间十分敏感，不允许有任何拖延。应急预案预先明确应急各方的职责和响应程序，在应急资源等方面进行先期准备，可以指导应急救援迅速、高效、有序地开展，将事故造成的人员伤亡、财产损失和环境破坏降到最低限度。查明事故原因，接受事故教训，采取相应的预防和整改措施。加强应急管理，可以预防和减少突发事件及其造成的损害，保障员工生命财产安全，维护企业稳定，促进企业可持续发展。事故管理通过对生产安全事故进行调查和处理，能够彻底查明事故原因，吸取事故教训，避免再次发生类似事故。

2.11.1　预案编制

建设单位按照《生产安全事故应急预案管理办法》等有关要求，结合《公路水运工程生产安全事故应急预案》《浙江省公路水运建设工程生产安全事故应急预案》《浙江省交通投资集团有限公司突发事件总体应急预案》《浙江交投高速公路建设管理有限公司生产安全事故综合应急预案和"三防"应急预案》，制订、修编项目综合应急预案、"三防"应急预案和防台应急预案。

施工单位结合建设单位综合应急预案，制订合同段专项应急预案和现场处置方案，并加强应急管理组织机构建设，形成上下贯通的应急管理工作体系，建立独立的应急管理机构，落实人员编制，明确专人负责应急救援管理工作，有效发挥监管、指导和协调作用，确保应急救援管理工作的正常开展。

2.11.2　应急保障

各项目部建立专职或兼职应急救援队伍。应急救援队伍是确保生产安全事故有效处置的关键，生产安全事故应急救援队伍体系建设应遵循"谁建队、谁管理，谁使用、谁保障"的原则，由各项目部具体负责。同时，以条件较为成熟的项目部为基础，建立 2—3 个后备应急保障基地，原则上每个县（市、区）不少于 1 个，确保一旦发生突发事件能够就近调配应急救援装备和物资，实现工程项目自救互救，并为地方应急救援工作提供支援。

项目部应加强应急队伍的培训、演练等工作，整合现有的应急资源，提高救援人员的水平，并与上级单位保持联系，使其提供应急期间的医疗、治安保卫、交通维护和运输等应急救援力量。

各项目部根据工程项目特点和易发事故类型、危险源分布情况，有针对性地配备应急救援的器材、设备和设施，储备应急物资，并经常进行保养、维护和更新，确保设备、设施、物资处于正常使用状态。安全监控与应急物资如图 2-42 所示。

图 2-42　安全监控与应急物资

2.11.3　预案演练

各项目部、监理办采取多种形式开展应急预案的宣传教育工作，普及生产安全事故避险、自救和互救知识，提高从业人员和社会公众的安全意识与应急处置技能。使有关人员了解应急预案内容，熟悉应急职责、应急处置程序和措施。

按照"统一规划，分项实施，突出重点，适应需求"的原则，协同相关应急指挥机构、有关部门和各参建单位制订应急演练计划，并付诸行动。临建指挥部结合工程特点和所处地理自然环境，联合相关单位通过桌面推演和现场演练等多种方式，组织开展隧道逃生应急演练、桥梁施工高处坠落演练、"三防"应急演练等活动。通过应急演练，宣传应急工作，普及应急知识，检验应急预案，评估应急能力，查找缺陷与不足，明晰应急角色，明确应急职责，锻炼应急队伍，磨合应急机制，促进应急协调，提高应急效率。预案演练如图 2-43 所示。

图 2-43 预案演练

2.11.4　预案修订

事故应急预案在应急系统中起着关键作用，它明确了突发事故发生之前、发生过程中以及刚刚结束之后，谁负责做什么、何时做，以及相应的策略和资源准备等，其是开展及时、有序和有效事故应急救援工作的行动指南。根据《生产安全事故应急预案管理办法》，各参建单位在其编制的应急预案演练后或发生如下情况时，应对应急预案进行修订：依据的法律、法规、规章、标准及上位预案中的有关规定发生重大变化的；应急指挥机构及其职责发生调整的；安全生产面临的风险发生重大变化的；重要应急资源发生重大变化的；在应急演练和事故应急救援中发现需要修订预案的重大问题的。当应急预案修订涉及组织指挥体系与职责、应急处置程序、主要处置措施、应急响应分级等内容变更的，按照有关应急预案报备程序重新备案。

2.11.5　应急救援预案

2.11.5.1　应急救援预案的要求

①制订有针对性的应急救援预案并报有关部门（当地主管部门和安全生产监管部门）备案。

②应急救援预案的宣传教育与培训。

③建立相适应的应急救援队伍并组织训练。

④按预案要求配备相应的应急物资与装备。

⑤按规定组织应急演练。针对情景事件，按照应急预案组织实施预警、应急响应、指挥与协调、现场处置与救援、评估总结等活动。

⑥企业应急预案。

a. 综合应急预案：企业的总预案，阐述应急方针、应急组织机构及相应职责、应急措施和保障等基本要求和程序，是应对各类可能事故的综合性文件。

b. 专项应急预案：针对具体事故类别（危险源）而制定的有明确的救援程序和具体应急救援措施的计划或方案，是综合应急预案的组成部分。

c. 现场处置方案：针对具体的装置、场所或设施、岗位所制定的应急处置措施。现场处置方案应具体、简单、针对性强、便于操作，做到事故相关人员应知应会、熟练掌握，并通过应急演练，做到迅速反应、正确处置。

d. 突发事件：突然发生，可能造成严重社会危害（人数、范围、程度），需要采取应急处置措施予以应对的交通事故、自然灾害、公共卫生事件和社会安全事件。

2.11.5.2 事故报告与调查处理

（1）事故报告

事故报告必须及时、准确、如实，及时是首要原则。具体内容如下：

①事故发生后，现场有关人员应当立即向本单位负责人报告；单位负责人接到报告后，应当于 1 小时内向事故发生地县级以上人民政府安全生产监督管理部门和负有安全生产监督管理职责的有关部门报告。 道路交通事故、火灾事故自发生之日起 7 日内，事故伤亡人数发生变化的，应于当日续报。

②报告时间超过规定时限的，属于迟报。

③因过失未上报事故或对事故发生的时间、地点、类别、伤亡人数等遗漏未报的，属于漏报。

④故意不如实报告事故有关内容的，属于谎报。

⑤隐瞒已经发生的事故，超过限定时限未向有关部门报告，经查证属实的，属于瞒报。

（2）事故报告内容

①事故发生单位概况。

②事故发生的时间、地点、类别和事故现场情况。

③事故的简要经过。

④事故已经造成或者可能造成的伤亡人数（包括下落不明的人数）和初步估计的直接经济损失。

⑤已经采取的措施。

⑥其他应当报告的情况。

（3）事故抢救

立即启动相应应急预案，或者采取有效措施，组织抢救，防止事故扩大，减少人员伤亡和财产损失。

（4）事故调查处理"四不放过"

事故原因不查清不放过、责任人员未处理不放过、整改措施未落实不放过、有关人员未受到教育不放过。

2.12　安全内业标准化

项目部的安全管理台账和记录是项目施工安全管理活动的真实记录，既是总结安全生产管理经验和教训的主要依据，又是考核项目部安全生产目标管理和安全生产责任制的重要载体，也是项目部安全生产标准化体系运行的重要组成部分。

为了使项目部安全生产管理内业更有效地为项目部安全生产标准化体系提供依据和服务，以《交通运输企业安全生产标准化达标考评指标》为基础，结合浙江省交通运输厅工程质量监督局印发的《关于进一步规范统一全省公路水运建设工程安全管理台账管理工作的通知》（浙交监〔2011〕124号）中提供的施工项目部安全生产管理12本台账，并参照浙江省内安全生产标准化一级达标的企业安全内业资料，对现有标准化指标所适用的安全生产记录表格及台账进行了归纳整理，规范了标准化支撑材料体系中的表格记录格式及台账。

临建指挥部根据项目管理情况选用相对应的记录材料，对使用过程中出现的问题，及时反馈和建议，并作为下一步更新和修订的依据。

2.12.1　格式与填写要求

本书提供的安全标准化记录和台账仅为样式，优先采用浙江省交通运输厅质监局印发的安全生产管理 12 本台账所提供的记录表格和台账，其他表格和台账可为浙江省内参加标准化达标的企业提供参考。本书所示例的表格和台账多数为压缩版，各企业以参照表格或台账的样式为主。

2.12.2　建档格式

项目部的安全管理台账资料建档要符合相应的建档要求和建档格式。

2.12.2.1　建档要求

项目部的安全管理台账建档要求如下：

①项目部安全生产标准化内业应根据 16 个标准化指标建档。每个档案盒对应标准化指标的一章内容。

②安全生产资料管理应遵循全面、真实准确、归档及时的原则。项目部应按要求进行归档，档案盒应有类别标签、细分标签和卷内目录。现场施工管理安全生产管理活动的各类资料和记录应至少保存 3 年。

③项目部应按职责分工落实安全生产管理资料和记录编制、填写、审核、审批、收集、保管的责任。

2.12.2.2　建档格式

档案盒封面项目包括全宗名称、案卷题名、时间、保管期限、件、页数、归档号、档号。全宗名称为立档单位的名称。案卷题名即案卷标题，一般由立卷人拟写。案卷题名应当准确概括本卷文件的主要制发机关、内容、文种，文字应力求简练、明确。档案封面时间即卷内文件所属的起止年月。立卷时划定案卷保管期限，安全档案保存期一般为3年以上或永久，由立卷人填写。装订的案卷要填写总页数，不装订的案卷要填写本卷的总件数。

卷脊项目一般包括全宗号、目录号、年度、案卷号、归档号。公司Logo可打印粘贴在卷脊处。

案卷各部分的排列格式为案卷封面—卷内文件目录—文件—备考表—封底。

2.12.3　填写要求

项目部的安全管理台账内容填写要严格按照浙江省交通运输厅质监局印发的相关要求。

①填写人必须按照表格各栏规定的要求填写内容，原则上所有表格除标准指标可以打印外，其余均应手写。

②打印时用A4纸，手写时用碳素笔，保证字迹清晰，成册的记录禁止撕页、随意涂改，保持记录本整洁。

③部门和人员签字处必须由本人签字。

④项目部安全生产管理资料和记录的填写与制作应当符合以下条件：

a.真实完整，字迹清楚，签章规范，不得随意涂改，并具有一致性和可追溯性。

b.随工程施工同步形成，分类归集保管，直至工程竣工交付后处理或归档。

c.采用信息化管理技术。

2.12.4　卷内文件目录示例

卷内文件目录是档案和资料的指引，卷内文件目录如表2-4所示。

表 2-4　卷内文件目录

序号	责任者	文件编号	文题	备注
1				
2				

2.13　安全考核体系

以习近平新时代中国特色社会主义思想为指导，认真贯彻"安全第一、预防为主、综合治理"的方针，牢固树立以人民为中心的发展理念，坚持安全发展，以夯实"三基"（基层、基础、基本素质）工作为抓手，以补齐交通建设工程安全管理短板为目的，以安全生产标准化创建为载体，进一步落实安全生产责任制，健全安全管理制度，强化班组安全教育，加强现场安全管理，完善考核机制，全面提升项目安全生产工作水平。

临建指挥部印发了一系列安全标准化手册，分别为《管理安全标准化手册》《施工现场安全标识标志标准化手册》《施工现场通道安全标准化手册》《施工现场临时用电标准化手册》《施工现场临边防护标准化手册》《临时设施安全标准化手册》《特种设备及专用设备管理和防护手册》《桥梁施工安全标准化手册》《隧道施工安全标准化手册》《路基路面施工安全标准化手册》，对项目安全标准化施工和管理等方面均进行了规范，为项目安全生产标准化建设和考核提供了实施依据。

临建指挥部对各参建单位安全生产标准化建设情况进行年度考核评比，

各参建单位全面总结开工后项目安全生产标准化建设情况，分析亮点和不足，巩固活动成果，以指导本项目的下一步安全生产标准化建设。

2.13.1 考核体系制度

考核体系制度的具体内容如下：

①贯彻落实国家安全生产法律法规和制度，以及国家、行业、地方安全生产标准化建设标准与要求。

②根据上级部门关于安全生产标准化建设要求，做好相关工作，具体负责项目部"安全生产标准化建设"活动的指导、监督、检查和考评。

③依据《浙江交投高速公路建设管理有限公司（原杭州板块）建设项目安全生产管理目标考核办法》制定临建项目的安全生产标准化建设实施方案，制定相关制度及考核办法。

④定期对各施工项目部"安全生产标准化建设"活动的开展情况、各单位"安全生产标准化建设"活动的督查情况进行分析、总结、考核、评比，落实奖惩措施。

⑤各施工项目部负责制定具体的考核细则与奖惩办法，并成立班组安全标准化建设考核小组，相关资料经监理办审核后报临建指挥部备案。

⑥各参建单位梳理总结安全生产标准化建设亮点，形成亮点工作总结，临建指挥部结合项目实际，选取各单位的好经验、好做法全线推广，进一步提升临建项目安全生产标准化建设水平。

⑦各参建单位做好安全生产标准化建设年度总结工作，对安全生产标准化建设期间各项工作进行系统地梳理、分析、总结，定目标、明思路、找不足、补短板、提建议，为安全生产标准化建设工作打下坚实基础。

⑧加强督导，深化考核。加大对活动的监督检查力度，经常深入一线班组进行督查、指导和服务。根据安全生产标准化建设的要求，进一步明确工

作目标、细化工作任务、推动责任落实，各施工项目部要结合项目施工进展实际，不断完善安全生产标准化建设体系，持续深化考核内容，以班组安全生产标准化考核、评比等手段为抓手，奖优罚劣，逐级抓落实，确保安全生产工作持续平稳有序。

2.13.2　项目部职责考核

项目部职责考核包括以下内容：

①根据临建指挥部相关文件要求制定本项目部安全生产标准化建设实施方案和细则，成立相应的领导小组，加强组织领导，落实责任和措施，确保活动开展持续有效。

②积极开展安全生产标准化建设活动，制定相关安全管理制度、岗位职责、操作规程等。依据项目部考核办法开展班组安全生产标准化建设考核，并落实奖惩措施。督促各施工班组严格按照《浙江交投高速公路建设管理有限公司（原杭州板块）安全标准化手册》落实安全生产工作。组织开展安全生产网格化管理工作，实施"安全首件三同时认可制"，并通过监理验收。推广应用SCORE项目。组织开展安全检查、教育培训、安全文化建设等活动。组织推进"美丽班组"建设，建立优秀班组长培训机制。

③定期对本项目部安全生产标准化建设活动开展情况进行分析、研究和总结，不断改进和提高；督促班组落实"三循环"安全管理内容和流程，并开展检查工作。依据《浙江交投高速公路建设管理有限公司（原杭州板块）安全标准化手册》定期对标检查，保证安全生产标准化建设活动有效开展，及时向临建指挥部、监理办上报相关资料，做好现场学习观摩等相关工作。

2.13.3　开展班中巡查，规范班组行为习惯

班中巡查是项目部安全管理的一项重要工作，主要目的是规范班组安全行为习惯。

①由项目安全员或技术员负责落实，根据班组情况确定检查频率，检查内容包括：设备运行情况、作业环境危险因素、"三违"行为等。

②由临建指挥部组织各施工项目部统一制订班组每日安全检查表，检查表需根据不同工序分别制订，要求具有针对性，简明扼要，抓住重点，可采用问答式表格形式（列出检查项，以"是""否"来表示检查符合项和不符合项），由检查人负责填写，并签字确认。

③项目安全员或技术员开展每日班中巡查工作，填写班组每日安全检查表。若发现问题，督促整改落实，并将检查表每月报施工项目部安全监督管理部门归档成册。

④监理单位至少每周对所辖施工项目部班中巡查工作开展情况督查1次，督查形式分为现场检查和内业检查，并将督查结果写入监理工作日志。若发现施工项目部存在工作不落实、拖沓、资料造假等行为，下发监理隐患整改通知单，督促其整改落实，并采取必要的处罚措施。

⑤班组每周对所用施工器具、用电设施等进行检查，若发现问题，及时反馈至项目部，由项目部负责对问题设备进行维修、更换。

⑥班组每周要组织1次大清扫，对工作场所进行整理整顿，由班组长组织、班组成员参加。

⑦施工项目部每月至少要开展1次安全教育会、安全检查会和安全月度会，组织班组长代表参加，由施工项目部的安全管理部门负责记录和资料归档。

2.13.4　完善监督手段，规范基础设施建设

班前会场地需平整开阔，固定场站应设置班前会讲台。班前会讲台设置需符合《关于进一步深化全省在建公路水运工程"质安文化进工地"活动的通知》（浙交监〔2016〕2号）文件要求，除受场地限制外，班前会讲台规

格尺寸不得小于文件中的规定，可结合项目实际适当扩大尺寸。

　　班前会讲台处需设置视频监控，该视频监控专用于检查班前会和班后总结会落实情况，监控信号连入动态管理系统安全模块，检查人员可于监理办及临建指挥部后台实时或回放观看班前会和班后总结会开展情况。施工项目部需指派专人对视频监控进行维护，若发生故障应及时修复。

本章介绍了临建项目以习近平新时代中国特色社会主义思想为指导，全面贯彻党的十九大精神，认真落实党中央、国务院和省委、省政府决策部署，贯彻《中共中央　国务院关于推进安全生产领域改革发展的意见》（中发〔2016〕32 号），参与"坚守公路水运工程质量安全红线"专项行动，秉承"依法治安、责任保安、学习知安、标化强安、科技兴安、文化促安"的管理理念，在充分吸取其他建设项目安全生产监督管理实践取得的优秀成果的基础上，进一步压实安全生产主体责任，深化平安交通建设，健全安全体系，推动改革创新，全力维护人民群众生命和财产安全，为交通强国建设提供坚实可靠的安全保障。

3.1　安全生产"一点三员"网格化管理

临建项目完善安全管理机制和框架，贯彻落实施工企业安全生产主体责任制，明确安全管理专职人员职责及其他工程管理人员职责，建立层层落实的安全生产管理网络，全面实现安全生产网格化管理。2021 年，全面实施"一点三员"网格化管理，结合项目实际，将全线划分为 122 个网格单元，各施工点位分别配置了安全员、技术员、班组长，分别穿红色、绿色、蓝色背心，参与风险管控及班前教育等各环节。通过全面夯实管理责任，在质量、安全、工序等各方面进行排查治理，全面建立现场检查台账。

临建项目施工期间科学划分安全生产网格，确保横向到边、纵向到底。临建指挥部为一级网格，监理办为二级网格，项目部为三级网格，施工班组为四级网格。现场施工区域按照路、桥、隧分部分项工程分类，各级管理人员分别对应现场施工点。同时，为落实"一岗双责"，将班组长划入四级网格，项目部领导班子成员划入三级网格，监理办路桥隧专监划入二级网格。

各项目部组织制订本标段安全网格化管理方案，建立项目部—工点—班组的"纵向到底"管理体系，严格按照所属网格进行值班，强化对责任区安全生产工作的领导、检查和指导。各级各类网格人员严格实行"一岗双责"，层层签订责任书，明晰责任主体，分解责任目标，将安全生产责任落实到生产过程的每个环节、岗位和个人。施工现场网格化管理、网格化管理人员及责任清单、施工现场作业安全检查清单、班前质安教育培训、"一点三员"网格化管理如图3-1—图3-5所示。

图 3-1　施工现场网格化管理

图 3-2 网格化管理人员及责任清单   图 3-3 施工现场作业安全检查清单

图 3-4 班前质安教育培训

图 3-5 "一点三员"网格化管理

3.2　安全首件认可制

施工现场的安全标准化是一个常抓不懈的工作，各分部分项工程的首件工程安全和质量尤为重要，首件工程实施和总结到位，可以对后续工程起到指导和示范作用。临建项目推广实施安全首件认可制，以此为抓手进一步提升施工现场安全标准化水平。

（1）工作内容和评价标准

安全首件认可制是指项目部选择分部分项工程中第一件（批）产品作为首件工程，施工前技术方案和安全首件实施方案必须同时经监理审批，安全防护设施、安全警示标牌同时实施到位，现场安全条件和工序同时经监理验收。首件工程施工完成后，其作业环境安全标准、劳动安全防护用品标准、安全防护标准和设施设备安全标准等必须得到监理办认可，该分部分项工程方可进行批量生产。

安全首件认可制立足于"预防为主、先导试点"原则，以增强安全意识为目的，按照《浙江交投高速公路建设管理有限公司（原杭州板块）安全生产标准化手册》、行业主管部门要求以及《公路工程施工安全技术规范》等规范规程对安全首件进行综合评价，分析存在的不足，提出改进措施，以指导后续批量生产工作。安全首件如图3-6所示。

（2）工作程序和示范推广

项目部选定分部分项工程中第一件（批）产品作为首件工程，并编制安全首件实施方案。实施方案主要内容包括现场安全防护设施和安全标志标牌的布局规划、现场平面布置图、现场"5S"［整理（Seiri）、整顿（Seiton）、清扫（Seiso）、清洁（Seiketsu）、素养（Shitsuke）］，实施方案经监理办批准后实施。项目部按照批准的方案落实工作，监理人员对安全首件工程进行监督指导，关键部位留存影像资料，做好检查记录。

安全首件工程完成后，监理办组织项目部的安全管理、工程技术人员等召开评价总结会，项目部根据评价结果对方案进行修改完善，并组织施工班

图 3-6 安全首件

组召开安全首件交底会，使后续工程安全标准均不低于首件工程安全标准。指挥部、监理办根据各标段安全首件工程实施情况，选择做得好的安全首件工程作为观摩交流对象，并做好示范推广工作。

3.3　SCORE 项目推广应用

　　SCORE 项目是由国际劳工组织开发，促进中小企业改善工作场所的管理培训和咨询项目。SCORE 项目提倡的全员主动参与、"自下而上"的管理理念，是对企业传统的"自上而下"管理模式的一个互补，是建立健全项目全员安全管理体系的一个重要抓手。将 SCORE 项目应用到临建项目管理中，能进一步促进项目管理层与员工之间的沟通与合作，减少生产过程中的浪费现象，排除隐患，进一步规范施工现场安全生产标准化建设，改善施工作业环境，保障员工的职业安全和健康。SCORE 项目说明书如图 3-7 所示。

图 3-7　SCORE 项目说明书

3.3.1　推广计划和目标

2020 年在项目 3 集中场地及重要施工区域等工作场所分 2 个阶段开展 SCORE 项目第一模块"工作场所合作"和第五模块"职业安全与健康"建设，并通过验收。完成验收后，各项目部总结推进经验，建立长效机制，继续全面推进 SCORE 项目建设，力争做到全工点覆盖、高标准落实，努力将临建项目打造成 SCORE 项目建设样板工程。

3.3.2　第一模块工作内容

临建指挥部召开全线 SCORE 项目推进动员会，联系 SCORE 项目培训讲师，组织召开 SCORE 项目推进工作专题培训会。各标段建立专门组织机构，制定相关制度和工作方案，成立企业改进小组（Enterprise Improvement Team，EIT），选定咨询师、秘书；各监理办明确联络人（每标段 1 个人）负责 SCORE 项目推进工作的监督工作，同时积极营造氛围，通过多种途径宣传 SCORE 项目，让 SCORE 项目理念体现在工作场所的角角落落。SCORE 项目集中培训现场如图 3-8 所示。

图 3-8　SCORE 项目集中培训现场

各项目部每周召开 1 次 EIT 会议，对提交的提案进行讨论，形成企业改进计划（Enterprise Improvement Plan，EIP），对复杂、重大的改进方案采用PDCA［计划（Plan）、执行（Do）、检查（Check）、处理（Act）］循环法，层层分解、分步落实，形成闭环机制。项目部通过"5S"管理以及可视化管理对现场进行有效管理和布置，同时制订企业关键绩效指标（KPI），定期回顾企业指标数据卡（Enterprise Indicators Card，EIC），将各项 KPI 汇总到指标数据卡中，每月定期更新 EIC 数据。通过 EIC 数据对 SCORE 项目的总体推进情况进行分析、汇总，以指导改进方向。

监理办联络员全程参与相关监督工作。临建指挥部安排人员通过视频方式或者到现场参与 EIT 会议，每月进行现场改进情况督查，并联系 SCORE 项目专家对工作的开展情况进行回访。EIT 会议和 SCORE 项目推进会议的现场如图 3-9 所示。

图 3-9　EIT 会议和 SCORE 项目推进会议的现场

3.3.3　第五模块工作内容

由临建指挥部联系 SCORE 项目培训讲师，组织召开第五模块专题培训会。各项目部成立职业安全与健康联合委员会，广泛宣传第五模块的核心思想及四类风险的识别等，通过多种形式积极营造职业安全与健康氛围。同时根据施工现场的实际情况，结合公路工程分部分项划分原则，将施工现场、项目驻地及三集中场地划分成若干区域，绘制每个区域的平面布置图，将每个区域里的小分区绘制出来，真实还原每个区域。SCORE 咨询师培训现场如图 3-10 所示。

图 3-10　SCORE 咨询师培训现场

　　根据区域划分图，管理者与一线员工充分利用各类工具方法对划分的区域进行风险源辨识，辨识区域内存在的风险，利用作业条件危险性分析（LEC）法进行风险等级评价，确定风险等级，并逐一制订管控措施。同时根据各区域的风险源辨识情况绘制人体风险图、区域风险等级图以及管控措施表，将绘制好的"两图一表"在相对应的区域进行公示，并通过发放风险辨识手册、展板、警示教育、安全交底及培训等形式向一线作业人员宣讲施工现场存在的风险，让一线员工了解现场的风险点，以增强防范意识。施工区域风险图如图 3-11 所示。

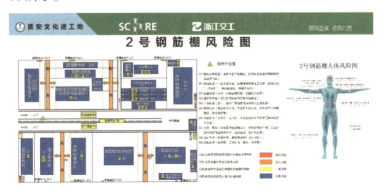

图 3-11　施工区域风险图

3.4　安全自律协会

临建项目始终秉持着"生命至上，以人为本"的安全管理理念，不断研判和分析项目安全生产现状，从实际出发，做实做细安全生产工作，出台了《临建高速公路"我为人人、安全为我"安全行为自律协会活动实施方案》，建立了浙江省首个安全行为自律协会。

结合《关于开展"人的不安全行为"专项整治行动的通知》（临建高指〔2021〕68号）文件，开展"我为人人，安全为我"的安全行为自律协会专项活动，旨在增强一线工人的安全意识、规范操作行为、增强自保能力，在项目中营造互相关爱、互相监督、注重团队精神的安全文化氛围，有效遏制不安全行为。

依托临建项目实际，明确活动对象。安全行为自律协会的会员均为临建项目一线工人，由参建单位对驾驶员、操作手等一线班组作业人员进行信息统计，签订安全行为自律协会会员承诺书后纳入会员管理，临建指挥部奖励安全行为自律协会会员每人每月100元。

聚焦典型问题，明确"人的不安全行为"内容。参照《安全生产禁令》《安全生产十五不准》等内容，结合项目实际，明确13条典型的"人的不安全行为"，并形成清单，重点关注。

深入调查研究，保障奖金发放。一是明确奖金来源。安全行为自律协会奖励资金从临建指挥部罚没款中列支。二是明确发放人员。各施工项目部安全行为自律协会会员信息统计表需与农民工工资考勤表、发放表对应一致，并经监理办审核，临建指挥部签字确认。三是明确奖金支出方式。经各方审核通过，且未发生"不安全行为"的个人，各施工项目部通过农民工工资专户发放奖励金。工作人员培训与奖励机制如图 3-12 所示。

图 3-12 工作人员培训现场与奖励机制

强化沟通协调，建立反馈提升机制。根据指挥部的《临建高速公路"我为人人、安全为我"安全行为自律协会活动实施方案》，各施工项目部结合项目实际，出台实施细则，成立专项工作小组，定期向临建指挥部、监理办汇报工作开展情况，及时协商解决存在的问题，每月形成安全行为自律协会工作开展报告，对安全行为自律协会的推行机制、方式等不断完善提升，建立长效机制。

临建指挥部经过反复摸索，持续改进，形成了安全行为自律协会"1＋6"工作举措，即明确以消除"人的不安全行为"为核心的工作思路，辅以"承诺讲安""奖罚促安""脱教育安""互律共安""亲情励安""数字赋安"6项工作举措，旨在将各项工作扎实落地，保障工人切身利益和生命安全，促使一线工人形成安全自律意识。

3.5 "151"智慧安监平台

临建项目是《浙江省综合交通"十三五"发展规划》中最后一条开工建设的省际断通路。临建项目全长 85.500 km，概算投资 206 亿元，设计时速 100 km，建设工期 42 个月。作为浙江省平安百年品质工程智慧工地示范建设依托工程，临建项目围绕施工全过程质量管理，建立了信息数据共享、数据功能模块统一集成的"151"项目管理系统，针对部分工序和物联网搭建了数据自动采集、全程监控、智能分析的智慧工地管控模块，推动智慧监理工作加速开展，初步实现了工地质量和安全生产智能化管理。

3.5.1 大平台，管理系统全面集成升级

着力解决当前项目管理中信息化系统独立运行、物联网平台和视频监控系统相对孤立、信息数据不能共享等问题。全力打造阳光工程4.0版，形成"151"项目信息化体系，即 1 个项目建设信息化平台、5 大采集模块、1 个 BIM 展示模块，实现 48 项建设管理指令线上办理。平台关联全线视频点位 122 路，同步推送至浙江省在建交通工程质量安全远程视频云平台，以纳入行业视频监管。平台创新探索基于 BIM 数字化梁场展示等 BIM 技术深度应用和引进无人机全景定期航拍服务等。"151"项目信息化体系实现了项目建设管理全过程覆盖，为打造智慧工地夯实了基础。

3.5.2 真溯源，物联网管控更全面精准

为解决传统数据录入环节普遍存在的工作量大、不及时、准确性不高等问题，着力搭建质量管理数据自动获取、人为输入尽可能减少、更全面精准的物联网管控模块。一是管控模块搭建。完成全线 9 大类 126 套设备改造及数据智能采集；建立混凝土拌和站分级预警机制；通过压力机、张拉注浆等

设备实现全过程可视化录像、精准影像追踪。二是过程可溯、数据真实。将物联网数据采集手段进一步向前端、底层延伸。在所有物联网设备安装采集终端的前提下，须通过智慧工地模块下发委托单、建立数据采集起始节点后才能进行施工作业，杜绝施工数据漏传、选择性上传等现象；物联网终端采集与分部分项 WBS 全面关联，无感采集原始数据并直接导入形成电子质检资料，实现工程实体质量全过程可溯源。三是大数据应用分析。通过物联网数据的关联分析，深层发掘质量中存在的隐性问题，为全线质量管理提供大数据"智慧"支撑，如运用大数据分析解决混凝土质量不稳定问题。四是建立制度保障。制定物联网管控相关制度，保证管理物联网采集过程有章可循，实现物联网预警事件、不合格事件闭环管理。施工单位也在临建指挥部的要求下，制定了智慧梁场和智慧隧道管理制度。

3.5.3　新业态，智慧监理工作不断向前推进

围绕"规范监理行为、发挥监理作用、打造精品工程"的目标，按照交通运输部公路工程智慧监理科技示范工程的基本要求，全力推动监理新业态形成。一是建设智慧监理系统。打造了"151"项目管理系统平台—智慧监理系统，开发了 9 大模块、79 项功能点。二是开发信息技术应用。初步完成工序检验可视化溯源、工程质检与计量统一编码体系、手机电脑等多源终端数据融合的开发和应用。三是试点质检资料电子化。在浙江省档案局、浙江省交通运输厅、浙江省交通工程管理中心等行业单位的关心和支持下，组织召开施工质检资料电子化研讨会，明确以临建项目为试点推进施工监理质检资料电子化及档案一体化相关工作。加大工序报验—进度管理—质量评定—计量支付—电子档案"五位一体"数据模型开发力度，为最终实现公路工程质量安全管控大数据智能感知及智能分析和监理人员智能调度、创新监理模式、提升项目管理精细化智能化水平等奠定基础。

3.5.4 智慧化安全工地建设

"智慧工地"系统平台可以随时随地掌握项目的进展情况，监控现场的施工动态，及时发现问题并督促施工单位、项目负责人及时整改隐患，杜绝各种违规操作和不文明现象，促进安全生产和工程质量的管理。

3.5.4.1 特种设备管理

临建项目已在龙门吊等特种设备上安装人脸识别设备，开启设备前需经过人脸识别，操作人员人脸识别通过后设备方可通电，保障设备使用的安全性和人员的合规性。同时，在人员变换时，通过短信、手机 App 或者微信消息进行推送提醒。

针对危险性较大的龙门吊等设备安装智能监测系统，对龙门吊关键位置的变形量和力学指标、使用状态等进行实时监测，异常状态下进行报警，并通过短信、手机 App 或者微信消息进行推送提醒。特种设备管理如图 3-13 所示。

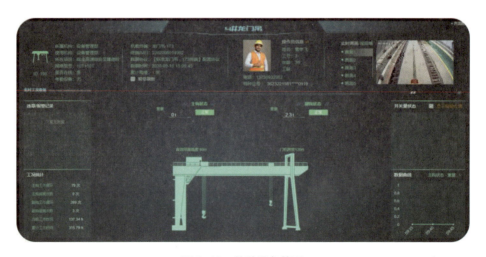

图 3-13 特种设备管理

3.5.4.2　人员定位管理

综合利用 GPS 定位技术、智能芯片或 RFID 设备，设置电子围栏，监控系统对施工区域人员与设备准确定位。对进入隧道的人员，其安全帽上安装了智能芯片或 RFID 设备，它们能实时反映人员所在的区域。无论佩戴安全帽的人员身处施工领域的哪个地方，监控系统都能对其准确定位，且在监控室就可直接监测隧道内施工人员的数量和所在位置。人员定位管理如图 3-14 所示。

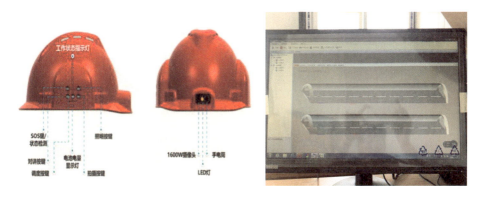

图 3-14　人员定位管理

3.5.4.3　智慧梁厂

临建项目搭建了动态管理平台，平台上的安全管理模块利用远程视频监控系统实现事件智能识别功能，如安全帽智能识别及语音提示系统、智慧用电看板、龙门吊监测预警可以对未佩戴安全帽、班前讲台出勤、值班等事件进行识别，并及时预警，实现智慧化现场安全检查，弥补安全管理人员不能全方位全时段检查的缺陷。智慧化事件识别系统如图 3-15 所示。

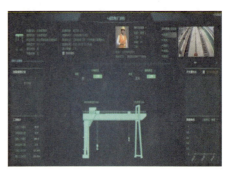

图 3-15   智慧化事件识别系统

3.5.4.4   智慧用电

为减少临时用电安全隐患,临建项目推广了"智慧用电系统"。该系统对低压配电线路配电箱的电流、电压、温度等参数实时监控,监控数据传输到智慧用电安全服务云平台,结合平台上的历史数据,对超压、低压、电流过大、温度过高等用电引起的安全事故的主要因素进行不间断的数据跟踪和分析,及时发现电气线路和用电设备存在的安全隐患,实现用电事故隐患的预测预警,并通过 App 向监控中心及用户推送预(报)警信息,以减少潜在的用电事故隐患,防患于未然。智慧用电如图 3-16 所示。

图 3-16　智慧用电

3.5.4.5　智慧化人车通行

临建项目在隧道、栈桥出入口位置推广设置门禁安全管理系统，门禁系统进行实名制管理，施工人员、作业人员出入施工现场须通过门禁系统予以身份确认，门禁系统具有自动识别身份和自动放行功能，身份识别无误后自动放行通过。此外，临建指挥部在施工现场推广应用智能语音提示系统，人员通过门禁系统进入施工现场后，智能语音提示系统进行自主播报：您已进入×××施工现场，请注意安全。提醒进入施工现场人员注意自身安全，增强安全意识。隧道施工智慧化通行门禁如图3-17所示。

图 3-17　隧道施工智慧化通行门禁

3.5.4.6　智慧化工程监理

临建项目创建"智慧监理"科技示范项目。深化"监理＋互联网"模式，抓住管理痛点，监理工作按业务条块整合"1＋5＋1"项目动态管理系统、动态系统、物联网、视频监控、环保监控、隧道人员定位和门禁系统等信息化手段与数字化监理系统和监理记录仪整合，为监理服务水平提质增效。规范监理管理行为，解决好长期以来监理的履职难题，最终实现提升工程品质的目的。目前，《公路水运工程智慧监理科技示范工程》已经获得交通运输部立项，是全国 9 个科技示范工程之一，这项工作也成为指挥部的工作主线。智慧化工程监理如图 3-18 所示。

图 3-18   智慧化工程监理

3.6   应急救援基地建设

根据上级有关部门部署要求，临建指挥部在全线建设了 3 个后备应急救援基地。

3.6.1   基地建设背景

临建项目位于浙西山区丘陵地带，走廊狭窄，土地稀缺，环境敏感，生态脆弱。本项目具有不良地质点多、环境敏感点多、技术难点多的"三多"和建设标准高、桥隧比高、各方关注度高的"三高"特点。

临建指挥部围绕"平安工程、生命至上"的理念，结合项目实际，以统筹参建资源、最大化应急协同为主要方向，构建了多方一体、资源辐射、具有特色的后备应急救援基地。临建项目应急救援队旨在体现企业的社会责任和服务意识，保障人民的财产和生命安全，提供社会公益救援行动，为相关政府部门排忧解难，贡献自己的力量。

3.6.2　基地建设情况

3.6.2.1　基地基本情况

临建指挥部已分别在临安区太阳镇波前路、临安区潜川镇乐平村浙江交工项目部、桐庐县旧县街道大湾村建设了 3 处应急救援保障基地。根据救援功能和装备配备情况配备应急人员 107 名，并配备了包括器械类、防护类、急救类、消防类的物资，储备充足，其主要职能是为临建项目涉及临安区、桐庐县及相邻区域内的抗洪抢险、雨雪冰冻灾害处置、消防及生产安全事故处置做好保障工作。

3.6.2.2　基础设施建设

临建指挥部的三部分基地总占地面积为 21315 m^2，基地内设有培训教育室、应急仓库、应急值班室等建筑物，均为钢铝结构活动板房，其建设面积均符合标准化要求。

3.6.2.3　基地功能概况

基地有调度、应急文化宣传、应急救援培训、救援装备存放、日常维护管理等功能。

3.6.2.4　救援队伍建设情况

根据救援功能和装备配备情况，横村基地救援队有 25 人，由项目管理人员及一线作业人员组成。

救援队设队长 1 名，统筹管理救援队各项日常工作，下设后勤保障组、机械设备组、现场救援组 3 个小组，每个小组设组长 1 名，组员 3—4 名，分工明确，各司其职。救援队组织框架如图 3-19 所示。

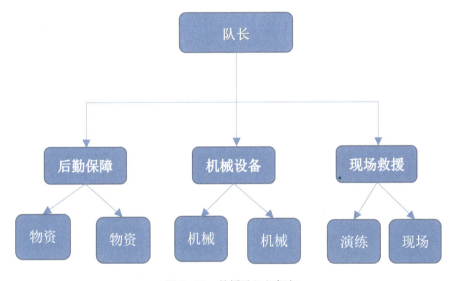

图 3-19 救援队组织框架

3.6.2.5 培训教育及演练

为加强应急救援队伍建设，强化管理，提高事故应急救援能力，结合实际情况，救援队应定期进行训练和模拟演练等工作，以保持高水准救援能力，具体如下：

①为不影响正常的施工任务，就近选择训练和活动的场所，以生活营区和施工点附近为主，训练以 1 周为期，训练内容包括队列队形集中训练，每半月 1 次，每次 40—60 min，5 km 负重长跑耐力训练，每半月 1 次，两者 1 月内不重复进行。

②每季度进行 1 次模拟演练，演练内容主要包括山体塌方事故道路疏通、

小型火灾扑救、溺水急救、边坡房屋结构加固等。演练前制订方案，讨论修改后安排演练任务，演练结束后进行总结，找出不足之处，商讨最优实施方法，全员进行学习。

③不定期组织成员进行培训，包括救援专业知识学习和优秀救援案例分析学习。

3.6.2.6　应急物资建设

每个应急救援基地配备专职的应急物资保养人员，专门负责应急物资的采购、维修、补充和试验等，确保应急物资在应急时处于有效状态。基地建设应急物资投入清单如表 3-1 所示。

表 3-1　基地建设应急物资投入清单

事故类型	机械投入	主要用途	数量	备注
塌方事故抢险	柳工 CLG886H 大型装载机	塌方石块装车和运输	2 台	
	自卸汽车		6 辆	
	挖机		5 台	
	湿喷机械手	混凝土喷射工作，对塌方处进行加固防护	4 台	
	罐车		3 台	
	皮卡、轻卡汽车	伤员送医	2 辆	急救药箱
	BoomerXE3C 三臂台车	掘进，主体结构加固	1 台	
	铁锹	小型手持工具	25 把	
	十字镐		5 把	
塌方事故抢险	对讲机	通信工具	4 对	
	强光手电	照明	13 把	
	防护手套	个人防护用品	15 双	
	安全带		16 套	
	反光衣		54 套	

续　表

事故类型	机械投入	主要用途	数量	备注
小型火灾救援	洒水车	现场灭火	1 辆	
	灭火器		14 套	
	警戒带	警戒警示	24 盘	
	消防斧	人工辅助、灭火工具	3 个	
	消防桶		6 个	
	防尘口罩	个人防护用品	97 个	
	防毒面具		10 个	
	雨衣		57 套	
	雨鞋		53 双	
	防护手套		50 双	
	担架	受伤急救	2 套	
	急救药箱		5 个	
	皮卡、轻卡汽车	伤员送医	2 辆	交通工具
	扩音喇叭	扩音	3 个	通信工具
溺水和防洪防汛	皮划艇	水上救援、溺水急救	1 个	
	安全绳		5 套	
	救生衣		8 件	
	救生圈		8 个	
	挖机	阻塞水路疏通工作，保障排水正常	6 台	
	对讲机	通信工具	6 对	
	强光手电	照明	10 把	
	担架	受伤、急救	2 套	
	急救药箱		5 个	
	皮卡、轻卡汽车	伤员送医	2 辆	交通工具

3.6.2.7　信息系统建设

应急保障基地信息系统包括指挥调度系统、集中培训管理系统和预警、响应信息收集及启动系统，及时传达应急管理相关主管部门的预警信息和联防联动的响应内容，有利于实时掌握现场情况，以便及时出动人员和设备进行救援。

3.6.2.8　基地建设试点成果情况

（1）完善现场处置方案

通过对施工现场进行风险评估，并结合事故类型，编制了《生产安全事故综合应急预案》《"三防"应急预案》《防台风应急预案》《高处坠落事故应急救援现场处置方案》等各类预案、现场处置方案32份。

（2）规章制度建设

建立健全《应急物资管理制度》《应急救援队伍管理制度》等各项管理制度8项，以及救援队队长岗位职责、后勤保障组组长岗位职责、后勤保障组组员岗位职责等各类岗位责任制7项。

4 荣誉与成果

本章讲述了项目建设期间对安全管理制度的落实以及推广，并在安全领域创新成绩的基础上，进一步做细做实安全生产体系建设，压实安全生产主体责任，深化平安工地建设，健全安全体系，推动改革创新，全力打造安全标准化工地。

4.1 做细做实安全生产体系建设

安全生产工作应当以人为本，坚持安全发展，坚持安全第一、预防为主、综合治理的方针，坚持安全生产"一岗双责"的理念，即管生产就必须管安全，切实为项目安全生产保驾护航。

（1）强化顶层设计

临建项目依托《安全管理大纲》顶层设计方案，以监理安全生产责任体系、安全生产制度体系、安全教育培训体系、应急救援管理体系和双重预防管理体系五大管理体系，推行科技、信息化、顾问服务、安全文化和安全费用等五大支撑，狠抓安全生产标准化主线，结合项目建设情况，开展安全生产标准化、信息化、智慧化管理。

（2）强化双重体系建设

制定《安全生产风险分级管控实施方案》，建立重大风险基础信息、责任分工、防控措施、监测监控和应急处置5张清单,绘制项目风险四色图,构建完整的临建项目安全风险分级管控体系。试点在附属标段开展安全专项风险评估,为附属工程项目平稳推进提供有效保障。严格专项施工方案编制审批手续,落实月报月查、风险动态管控机制,并对瑶琳互通天桥混凝土拱桥、石柱山隧道和安仁枢纽抗滑桩等危大工程组织方案再审查、再论证,强化风险管控基础保障。

（3）完善应急救援体系

组织附属工程完成应急体系建立,并邀请外部专家对应急预案进行论证。全面盘点、补充应急管理资源,加强与各级政府、行业部门、医院的沟通协同,聚焦演练实操。JD02标、JD06标、JA02标联合承办了浙江交投高速公路建设管理有限公司（原杭州板块）隧道施工无脚本应急联合救援演练活动,受到属地行业部门一致好评。临建指挥部邀请桐庐县消防救援队开展消防应急演练。JD05标参加了由浙江省国资委举办的全省在建高速公路项目应急处置技能比武活动,并取得优异成绩。

（4）以首件固标准

临建项目以"工程安全双首件"促进工点安全标准化建设,在各分部分项工程开工时,将第一批工点打造成标准化工点并组织验收,为后续施工提供样板,并在首件创建过程中,查找施工中的安全管控弱点、痛点,提出针对性措施,形成标准。

（5）强化安全教育培训手段

一是JD03标试点智能教育平台结合岗前教育培训,根据不同岗位、工种给作业人员匹配对应课程,保证个人安全教育具有针对性和实效性,提高了作业人员的安全水平。二是各单位充分运用安全体验馆、施工动画、多媒体工具箱、VR、BIM演示视频、典型案例滚动播放等方式,抓实安全教育培训考核工作。三是全线推广"三问＋三答"的班前教育,让工人明确什么是现场风险、什么保护措施、什么应急处置措施,通过多措并举的安全教育方式,提升安全培训教育水平。

4.2 全力打造安全标准化工地

安全标准化建设内容主要包括安全防护标准化、高处作业标准化、临时设施标准化、道口管理标准化、路面施工标准化以及附属工程施工标准化。

（1）安全防护标准化

安全防护标准化具体内容如下:

①桩基防护标准化。临建指挥部全面推广"三箱三架三防护（配电箱、渣样箱、工具箱;钢筋笼存放架、导管存放架、电缆线架空架;孔口防护、操作平台防护、泥浆池防护）"标准化作业举措,解决了临时用电、临边防护设置不规范的问题。

②桥面系防护标准化。临建指挥部印发了《桥面系施工安全生产标准化提升专题部署会议纪要》,明确了桥面施工安全标准化防护要求,并督促各单位严格落实。目前全线桥面系施工已形成"一临五防三平台"（桥面临边;左右幅防护、湿接缝防护、墩顶现浇段防护、伸缩缝防护、临时用电防护;横隔板施工平台、负弯矩张拉施工平台、防撞护栏施工平台）的安全标准化作业场面。

③隧道防护标准化。隧道内实行人车分离,且每隔一定距离设置安全警示和照明灯箱,规范隧道逃生管道连接方式,确保逃生管道设置距离掌子面不大于 20 m。

（2）高处作业标准化

高处作业标准化具体内容如下：

①立柱、盖梁施工推广"一梯两绳三平台"（人员上下梯笼；安全母绳、缆风绳；立柱浇筑作业平台、墩身施工作业平台、盖梁施工作业平台）的标准化配置，极大降低了高处作业安全风险，保障了作业人员的安全。

②对边坡施工、支座垫石作业、大临场站安拆等不易设置作业平台的高处作业点，全面推行安全母绳，保障工人作业安全。

（3）临时设施标准化

临时设施标准化具体内容如下：

①在预制场、钢筋加工场内打造工点工厂化施工样板。通过 SCORE 项目建设和现场"5S"管理，使大临场站内施工器具和材料，以及二配电箱、三配电箱与开关箱等均有序摆放，实现"工完场清"。

②规范建设工人宿舍，确保人均居住面积不小于 5 m²，统一配备空调、饮水机等设备，保障工人生活质量，设置 USB 安全用电，消除火灾隐患，打造"美丽家园"。

（4）道口管理标准化

道口管理标准化具体内容如下：

①各道口安装数字化门禁管理系统，引入专业化安保队伍，实施车辆安全通行证管理。道口配备视频监控系统，实现建设各方联合监督管理。道口管理人员配备执法记录仪，便于实时监控道口上下车辆及人员，有利于特殊情况下的执法预警。

②栈桥采用人脸识别闸口管理，实现工程车辆速度、载重，以及气象水文、风速的实时监测，有效保障汛期、恶劣天气下栈桥的使用安全。

③全线设置 S 型水马，有效控制车辆行驶速度，购置 3 台智能测速仪，

严惩超速行驶车辆，降低行车安全风险。

（5）路面施工标准化

临建指挥部编制了《路基路面施工标准化手册》，明确了路面施工机械、交通导改、区域防护等一系列行为，规范了交通导改方式，量化了隧道照明、行驶速度等指标。各路面标段严格按照手册组织施工，充分运用隧道和路面测速、拍照、语音提示一体化等设施，进一步提升路面作业标准化水平。

（6）附属工程施工标准化

编制附属工程施工标准化手册。FJ06标设置了安全体验基地。JD05标采用桥梁高空滑动钻孔装置，通过机械臂代替施工人员进行危险工作，采取远程控制的方式使人远离操作危险区域，避免了人员在桥外侧高空作业，极大减少了安全隐患。JD06标升降车加高临边防护、安装灯带警示，改良后的升降车更加安全牢固。

临金高速公路临安至建德工程
安全生产"1+3+1"标准化建设

杭州临建高速公路工程建设指挥部 编

浙江工商大学出版社
ZHEJIANG GONGSHANG UNIVERSITY PRESS

·杭州·

图书在版编目(CIP)数据

临金高速公路临安至建德工程安全生产"1+3+1"标
准化建设. 2,现场篇 / 杭州临建高速公路工程建设指挥
部编 . — 杭州 : 浙江工商大学出版社,2024.6
ISBN 978-7-5178-5971-0

Ⅰ. ①临… Ⅱ. ①杭… Ⅲ. ①高速公路－工程施工－
安全管理－标准化管理－浙江 Ⅳ. ① U415.12-65

中国国家版本馆 CIP 数据核字(2024)第 048469 号

临金高速公路临安至建德工程安全生产"1+3+1"标准化建设
LIN-JIN GAOSU GONGLU LIN'AN ZHI JIANDE GONGCHENG ANQUAN
SHENGCHAN "1+3+1" BIAOZHUNHUA JIANSHE
杭州临建高速公路工程建设指挥部 编

策划编辑	郑　建
责任编辑	李兰存
责任校对	都青青
封面设计	望宸文化
责任印制	包建辉
出版发行	浙江工商大学出版社
	(杭州市教工路 198 号　邮政编码 310012)
	(E-mail:zjgsupress@163.com)
	(网址:http://www.zjgsupress.com)
	电话:0571-88904980,88831806(传真)
排　版	杭州彩地电脑图文有限公司
印　刷	杭州高腾印务有限公司
开　本	710 mm×1000 mm　1/16
印　张	18.5
字　数	233 千
版 印 次	2024 年 6 月第 1 版　2024 年 6 月第 1 次印刷
书　号	ISBN 978-7-5178-5971-0
定　价	108.00 元(全 2 册)

编 委 会

主　编：尤文利

副主编：周建明　陈国伟

成　员：邵　帅　王　峥　刘建冬　汪志伟　谢海波　郭冠宇

　　　　王　飞　叶　琦　卢亚刚　付　波　黄国洪　徐志敏

　　　　吴新宝　缪燕兵　杨陇刚　余允翔　张　波

CONTENTS

目 录

1 临时设施、场站标准化

安全生产标准化工地建设主要包括项目部驻地、拌合站、钢筋加工厂、预制厂、用电与消防管理、危险物品管理与特种设备管理。各项目部在建设驻地和场站时，不仅要符合临时设施、场站标准化的要求，还要满足国家、省级、各市级质监局对临时设施和场站的其他要求。

1.1 项目部驻地

1.1.1 驻地要求

项目部在进场施工之前，应根据《公路水运工程施工安全标准化指南》中关于场站建设的要求，选择安全可靠的场地建设驻地，确定选址后编写驻地建设方案，报监理单位、建设单位备案。各项目部的驻地建设方案应按照合同约定、合同金额、用地面积等内容确定建设的规模，原则上应以安全、文明、环保、和谐、节约为基础。

（1）安全要求

①项目部驻地应不受洪水、泥石流和台风威胁，避开塌方、落石、滑坡、洪水、泥石流、雪崩、危岩等地段。地处沿海的项目部应采取可靠、稳固的防台风措施。

②避开取土、弃土场地。

③避开高压线路及高大树木，与通信线路保持一定距离。避开雷电高发区。

④必须离集中爆破区 500 m 以上。

⑤项目办公生活区宜采用封闭式管理，应有固定的出入口，有条件应设置大门。出入口应设有专职保卫人员，制定专门的管理制度。

⑥租赁地方房屋作为项目部，租赁的房屋必须符合安全要求，房屋面积必须达到办公要求。

⑦项目部要完善消防措施，配备必要的消防器材，每个功能区都必须配备足额的灭火器。项目部配置的灭火器以手提式干粉灭火器为宜。手提式干粉灭火器宜放置在挂钩、托架上或灭火器箱内，其顶部离地面高度应小于 1.50 m，底部离地面高度不宜小于 0.15 m。

（2）管理要求

①靠近现场，管理方便，不受施工干扰。

②交通便利，尽量靠近公路，缩短引入线。

③通信畅通，邮路便捷，满足办公自动化要求。

④活动板房需选用阻燃材料，搭建高度不宜超过两层，每栋板房之间需留出消防通道，栋与栋之间距离不得小于 4 m，房间净高不低于 2.60 m。院落式项目部如图 1-1 所示，项目部活动板房如图 1-2 所示。

图 1-1　院落式项目部

图 1-2　项目部活动板房

1.1.2　项目部硬件设施标准

①项目部宜为院落式，室外有停车场地和体育活动场所（如图 1-3 所示），设置会议室、资料室和中心试验室或工地试验室。

②拼装式活动板房的搭建高度不宜超过 2 层，屋顶排水通畅；砖混结构

墙体下部设 0.50 m 高的墙裙，地面设散水，排水坡度不小于 3 %。周围应有排水沟，保证不积水。活动板房的采购、租赁、搭设与拆除、验收、检查、使用、合格证书等记录必须齐全并备档。

对应《交通运输企业安全生产标准化建设评价管理办法》指标：第 6 部分第 2 点第 1 条、第 3 条、第 5 条，应具备的安全台账包括《临时设施管理制度》、《临时设施供应商名册》、临时设施搭设及拆除方案、验收台账（包括进场和建设完成后的验收）、临时设施日常检查保养记录、《设施设备维修保养台账》。

③办公区满足安全、卫生、通风等要求，屋顶采用"人字形"双面排水，砖混结构墙体下部设 0.50 m 高的墙裙。

④项目部的宿舍要坚固、美观，房间净空高度不低于 2.60 m；门窗齐全，同时应设置可开启式窗户，保证通风；房顶尽量选用阻燃、防水材料，内墙抹灰刷白，地面硬化防潮湿。

图 1-3　体育活动场地

⑤宿舍（如图1-4所示）。

a. 保证每人（可上下）单床，禁止设置通铺或采用钢管搭设上下铺；宿舍内床铺不得超过两层，人均居住面积不得少于2.5 m²，每间宿舍居住人数不得超过8人。

b. 宿舍内应挂设治安、卫生、防火管理制度图表，夏季宜配置空调，有消毒、防蚊虫叮咬措施，冬季有保暖措施。生活用品应放置整齐，室内无私拉乱接电线、无使用大功率电器的现象。

c. 宿舍（有条件的单位，应统一职工床单被罩）内外环境应安全、卫生、清洁，室外设有有标识的垃圾箱，建立保洁制度，落实专人清洁工作。

图1-4　宿舍

⑥食堂（如图1-5所示）。

a. 食堂位置距厕所、垃圾站等应不小于25 m，并建立在粉尘、有害气体、放射性物质和其他扩散性污染源的影响范围之外。食堂净空高度不得低于2.80 m，使用水泥硬化地面，保证不积水。锅台四周、案板挨墙处贴白瓷砖，便于清洗。

b.制定食堂卫生管理责任制度,具备卫生许可证。炊事员(包括工作人员)有健康证,工作时必须戴工作证,穿工作服。食堂应有必要的排风设施和冷藏设施。燃气罐应单独设置存放间,存放间应通风良好,并严禁存放其他物品。炊具宜存放在封闭的橱柜内,并生熟分开。操作间应当保持干净、整洁。

c.食堂内应设有防尘、防蚊、防蝇、防鼠害设施,设置隔离油池并及时清理。生活垃圾要装容器,有专人管理及时清运。厨房应有防火设施。

d.必须保证供应符合标准的饮用水。高温季节应有防暑降温措施,如提供绿豆汤、茶水等。

图 1-5　食堂

⑦厕所(如图 1-6 所示)、浴室(如图 1-7 所示)。

a.必须分设男、女厕所,面积按现场平均人数设置。

b.必须是水冲式厕所,且保持清洁。大小便池内镶贴瓷砖,使用水泥硬化地面,设纱窗、纱门,采光良好。

c.厕所应指定专人负责卫生工作,应定时进行清扫、冲刷、消毒,防止蚊蝇孳生,化粪池应及时清掏,符合卫生要求。

d. 浴室应使用节水龙头，符合安全要求，让职工能按时洗浴。

图 1-6 厕所

图 1-7 浴室

⑧办公室（如图 1-8 所示）、活动室（如图 1-9 所示）。

a. 条件允许的情况下，各部门的办公室应隔开。房间的净空高度应控制在 2.60 m 以上，房顶选用阻燃材料，房间地面进行硬化，门窗齐全，通风、照明条件良好，墙面抹灰刷白。

b.办公场所必须将有关制度图表悬挂于墙上，整理文件资料并归档。

c.活动（学习）室净空高度应控制在 2.60 m 以上，房顶选用阻燃材料，房间地面硬化，门窗齐全，通风、照明条件良好，墙面抹灰刷白。室内具备活动（学习）条件，设施良好，应悬挂各项活动（学习）制度图表。

图1-8　办公室

图1-9　活动室

⑨会议室（如图 1-10 所示）。

a. 会议室净空高度应控制在 2.60 m 以上，房顶选用阻燃材料，房间地面硬化，门窗齐全，墙面抹灰刷白。

b. 会议室一般情况下必须能够容纳 30 人同时开会，且面积不小于 30 ㎡，应设置两个门，门向外开启，保证发生危险时能及时疏散室内人员。

c. 会议室要求通风、照明条件良好，设有防暑降温设备。

d. 会议室必须配备会议桌和椅子，非整体性的会议桌要铺桌布。会议室还必须配备投影仪、话筒等常用会议设备和 1 ㎡ 左右的写字板。

e. 会议室内应悬挂组织机构图；安全、质量、环保保证体系图表；线路平、纵面缩图；工程形象进度图。

图 1-10　会议室

⑩档案资料室（如图 1-11 所示）。

a. 档案资料室的面积应不小于 20 ㎡，净空高度应控制在 2.60 m 以上，房顶选用阻燃材料，房间地面硬化，门窗齐全，墙面抹灰刷白。

b. 所有档案资料宜保存在专用金属柜内，由专人负责收发。

c.档案资料室应防潮、防火，照明、通风条件良好，并配备消防设备。

d.根据已批复的工程进行资料分类，编制档案卷内目录，设置相应档案盒及标签，并事先上架。

图 1-11　资料档案室

⑪办公自动化要求：配备必要的信息化硬件，以满足施工信息收集、整理和传送的要求。（有条件的项目部可采用）

1.1.3　项目部标示标牌

（1）驻地标示标牌

项目部"五牌一图"如图 1-12 所示。

图 1-12　项目部"五牌一图"

①项目部应在院外醒目位置或外墙设置施工告示牌、工程简介牌、安全生产牌、文明施工牌、消防保卫牌、环境保护牌、施工单位及工作人员廉政责任牌，如图1-13所示。

图 1-13 施工告示牌等标牌

②各种标识牌具体制作尺寸、字体和颜色要求，详见《公路水运工程施工安全标准化指南》或按业主文件要求执行。

（2）各部室标示标牌

①项目经理室需设有施工总体形象进度图、年度进度曲线和实际对比图、施工进度计划网络图、项目经理职责图。

②工程技术部门需设有各个结构物的施工形象进度图、施工总体平面布置图及部门和人员职责图。

③安全环保部门需设有安全保证体系、各级安全人员的岗位职责、危险源分布图等。

④物资设备部门需设有材料物资的进货、检验、发放流程图，以及设备管理的动态图等。

⑤计划合同部门需设有计量形象进度图、年度计划进度曲线图等。

⑥其他部室在明显位置悬挂工作职责标牌。

（3）企业宣传牌和安全文化宣传牌

企业宣传牌如图 1-14 所示，安全文化宣传牌如图 1-15 所示。

图 1-14　企业宣传牌

图 1-15　安全文化宣传牌

（4）项目部

项目部正面设置旗台，主旗为国旗，副旗为企业旗和环保旗，旗杆采用不锈钢管材，旗台和旗杆尺寸依据现场情况自行设计。驻地旗台如图 1-16

所示。

图 1-16　驻地旗台

1.2　拌合站

1.2.1　拌合站建设要求

（1）拌合站建设一般要求

①各项目部拌合站按照"工厂化、集约化、专业化"的要求着手进行拌合站的选址与规划工作，一个月内明确拌合站设置规模及位置，并编写建设方案，内容包括位置、占地面积、功能区划分、场内道路布置、排水设施布置、水电设施设置、施工设备的型号和数量等。

②拌合站规划方案经监理工程师审批后才能进行拌合站建设，并报项目业主备案。拌合站建设完成后，由项目部填写建设验收表并报监理工程师进行验收。不符合要求的拌合站不允许投入使用，待整改并验收合格后才能投入使用。

③拌合站建设应综合考虑施工生产情况，合理划分生活区、拌和作业区、

材料计量区、材料库及运输车辆停放区等。拌合站的生活区应同其他区隔离开，场地进行硬化处理。

④拌合站宜设置视频监控系统，生活区的建设参考项目部生活区建设。

⑤拌合站（如图 1-17 所示）的消防、安全设施应齐全到位，并做好临时雨水、污水排放以及垃圾处理，以防止污染环境。

图 1-17　拌合站

⑥拌合站应根据工程实际情况布置，宜采用封闭式管理，拌合站内宜设置工地实验室。拌合站周边应用砖砌围墙封闭，材料堆放区、拌和区、作业区应分开或隔离，场内地面应做硬化处理。

⑦拌合站的所有场地必须进行混凝土硬化处理，必须使用不小于 15 cm 的厚片、碎石垫层，使用不小于 10 cm 厚的 C15 混凝土进行硬化处理。拌合站的一般行车道路进行硬化处理时，必须使用不小于 15 cm 的厚片、碎石垫层，使用不小于 15 cm 厚的 C20 混凝土进行硬化处理；大型作业区（如路面沥青拌合站）、重车行车道路进行硬化处理时，必须使用不小于 15 cm 的厚片、碎石垫层，使用不小于 20 cm 厚的 C20 混凝土进行硬化处理。

⑧场地硬化按照四周低、中心高的原则进行，面层排水坡度不应小于

1.5%，场地四周应设置排水沟，排水沟地面采用 M7.5 砂浆进行抹面，做到雨天场地不积水、不泥泞，晴天不扬尘。

⑨在场地外侧的合适位置设置沉砂井及污水过滤池，严禁将站内的生产废水直接排放。沉淀池防护如图 1-18 所示。

图 1-18　沉淀池防护

⑩拌合站应采用可靠的防雷、防风、防火措施，如图 1-19 所示。水泥和粉煤灰罐体必须设避雷针或避雷器，还要有可靠的缆风绳。

图 1-19　拌和站防雷、防风、防火设施

对应《交通运输企业安全生产标准化建设评价管理办法》指标：第 9 部分第 1 点第 6 条（作业场所及设施设备应采用可靠的防雷、防风、防火和防

电等措施）。

（2）拌合站安全文明施工要求

①站内各功能区必须在明显位置设有防火设施。每个功能区至少设置一个消防池并配备相应的灭火器材。拌合站的消防安全管理参照本书第1章第5节。

②拌合站的施工临时用电管理参照本书第1章第5节。

③夜间施工时，现场应设有满足施工安全要求的照明设施。

④根据场地条件合理设置废水沉淀池和洗车池，布设排水系统，设置明显标志。

⑤地面应定期洒水，对粉尘源进行覆盖遮挡。

⑥每次混凝土搅和作业完成后，及时清洗机具，清理现场，做到场地整洁。

⑦临近居民区施工产生的噪声不应大于现行《建筑施工场界环境噪声排放标准》（GB 12523—2011）的规定，否则应进行监控。

⑧应根据需要设置机动车辆和设备冲洗设施、排水沟及沉淀池，施工污水处理达标后方可排入市政污水管网或河流。

⑨施工机械设备产生的废水、废油和生活污水不得直接排入河流、湖泊或其他水域，也不得排到饮用水附近的土地上。

⑩水泥、粉煤灰等材料进料时，要注意材料灌顶的密封性能。当粉尘较大时，应暂时停止上料，待处理完后方可继续。

⑪定期派专人清理和打扫拌合站，保持拌合站站内卫生。

⑫拌合楼全封闭设置，减少或防止灰尘污染空气。拌合楼和胶带机如图1-20所示。

图 1-20　拌合楼和胶带机

⑬站内车辆应停放整齐，场内设置限速牌和提醒标识。停车场如图 1-21 所示，料仓隔离墙如图 1-22 所示，集料仓防雨与标识如图 1-23 所示。

图 1-21　停车场

图 1-22　料仓隔离墙

图 1-23　集料仓防雨与标识

1.2.2　拌合站的标识标牌

①拌合站大门位置必须绘制详细的现场布置图，站内设置明显的标示牌。拌合站内的醒目位置应设置工程告示牌、拌合站平面布置图、安全生产牌、消防保卫牌、管理人员名单及监督电话牌、文明施工牌等明示标志。

②拌合站出入口、拌和楼控制室应设置禁止、警告、指令标志。拌合站警示标识如图 1-24 所示。

③拌合机操作房前的醒目位置应悬挂混凝土配比标识牌，标识牌用镀锌铁皮制作，油漆喷涂确保不褪色；数字用彩笔填写，字迹工整清晰。标识牌上包括混凝土设计与施工配合比（含外加剂）、粗细集料的实测含水率及各种材料的每盘使用量等。混凝土配比电子显示屏如图 1-25 所示。

图 1-24　拌合站警示标识

图 1-25　混凝土配比电子显示屏

1.2.3　拌合站安全防护

拌合站内的主要伤害因素为触电、火灾、机械伤害、车辆伤害、雷击、台风等造成的伤害、高处坠落。因此，拌合站内的安全防护主要围绕这些方面展开。

（1）触电安全防护

①场内施工用电应规范管理，各作业区用电回路分开设置，加设断路器和漏电保护器。

②其他临时用电要求参见本书第 1 章第 5 节。

（2）消防安全防护

场内各功能区必须在明显位置设有防火设施，每个功能区至少设置一个消防池并配备相应的灭火器材。

（3）自然环境伤害防护

高大罐体的防雷、防风防护如图 1-19 所示。

（4）高处坠落安全防护

①高处作业防护主要是罐体登高梯 2 m 以上段必须有圆形护笼。

②料斗深坑和沉淀池的围挡防护如图 1-26 所示。

图 1-26　料斗深坑和沉淀池的围挡防护

（5）机械伤害和车辆伤害安全防护

①设置防撞和限速限宽设施，主要为防撞墩、栏杆和蓝黑反光漆、反光贴。

②搅拌机、皮带机运行时严格遵守操作规程。

1.3　钢筋加工厂

1.3.1　钢筋加工厂建设要求与示例

（1）钢筋加工厂建设要求

①施工项目部签订合同后，应按照"工厂化、集约化、专业化"的要求着手进行钢筋加工厂的选址与规划，一个月内明确钢筋加工厂设置规模及位置，并编写建设方案，内容包括位置、占地面积、功能区划分、场内道路布置、水电设施设置及施工设备的型号、数量等。

②每个合同段原则上只设置一座大型钢筋加工厂，对合同段内的桥梁、

隧道、涵洞等结构物的钢筋进行集中加工。加工厂应合理选择设置地点，宜采用集中加工配送方式，减少二次搬运量，做到加工与施工互不干扰。

③大型钢筋加工厂必须配备数控钢筋弯曲机 1 台、数控弯箍机 1 台，保证工程所需要的各种钢筋均由机械自动加工成型。

④钢筋加工厂的规模及功能应符合投标文件承诺的有关要求，以及满足项目部预制厂的管理模式，由项目部进行建设并采用封闭式管理，并配备专门的技术人员及管理人员，监理单位也应配备足够的专监及现场监理员进行监管。现场宜设置视频监测系统。

⑤桥梁下部构造钢筋可视实际情况在现场拼装。

⑥钢筋加工厂必须配备桁吊或龙门吊，龙门吊必须由专业厂家生产，使用前须获得有关部门的鉴定，严禁使用自行组装的龙门吊。

⑦钢筋加工厂路面应做硬化处理，并做好散水处理。棚内按照其使用功能分为原材料堆放区、钢筋下料区、加工制作区、半成品堆放区。

⑧场地硬化按照四周低、中心高的原则进行，面层排水坡度不应小于 1.50 %，场地四周应设排水沟。

⑨钢筋应垫高堆放，离地 20 cm 以上，下部支点应以保证钢筋不变形为原则。

⑩钢绞线的存放应保持干燥，防止被雨水淋湿。

⑪应严格按照规定对现场材料进行标识，标识内容应包括材料名称、产地、规格型号、生产日期、出厂批号、进场日期、检验状态、进场数量、使用单位等，并根据不同的检验状态和结果采用统一的材料标识牌进行标识。

（2）钢筋加工厂建设示例

钢筋加工厂全貌、钢筋加工"四位一体"机、钢筋加工厂功能区等如图 1-27—图 1-39 所示。

图 1-27　钢筋加工厂全貌

图 1-28　钢筋加工"四位一体"机

图 1-29　钢筋加工厂功能区

图 1-30　数控弯曲机　　　　　图 1-31　全自动数控钢筋调直弯箍机

图 1-32　钢筋笼滚焊机

图 1-33　盖梁骨架自动焊接机械手

图 1-34　钢筋螺纹加工标准作业

图 1-35　加强筋自动弯曲焊接机

图 1-36　钢筋棒材下料生产机

图 1-37　圆钢筋调直剪切机

图 1-38　钢筋半成品接料箱

图 1-39　钢筋切割标准作业

1.3.2　钢筋加工厂标牌要求及示例

钢筋加工厂应实行封闭管理并设置视频监控系统，储存区、加工区、成品区布设合理，设置明显的标牌。

①钢筋加工厂内醒目位置应设置工程公示牌、施工平面布置图、安全生产牌、消防保卫牌、管理人员名单及监督电话牌、文明施工牌等明示标志。

②焊接、切割场所应设置禁止标志、警告标志。木工加工区、安全通道应设置禁止标志。使用氧气、乙炔等易燃易爆的场所应设置禁止标志和警示标志。钢筋加工厂出入口和场内应设置禁止标志和警告标志。消防器材放置场所应设置提示标志。各作业区应设置分区标识牌。

③机械设备应悬挂机械操作安全规定公示牌（即安全操作规程）和设备标识牌。

④各种原材料、半成品或成品应按其检验状态与结果、使用部位等进行标识。

⑤加工制作区应悬挂各号钢筋的大样设计图，标明尺寸、部位，确保下料及加工准确。

⑥钢筋加工厂管理人员和作业人员应统一制服，挂牌上岗。

钢筋加工厂"五牌一图"设置如图 1-40 所示，钢筋加工厂内操作规程牌及安全警示如图 1-41 所示，钢筋加工厂内物料摆放及标识如图 1-42 所示。

图 1-40　钢筋加工厂"五牌一图"设置

图 1-41　钢筋加工厂内操作规程牌及安全警示

图 1-42　钢筋加工厂内物料摆放及标识

1.3.3　钢筋加工厂安全防护及示例

钢筋加工厂内的主要伤害因素为触电、火灾、气瓶等危化物品爆炸、机械伤害、起重伤害。因此，钢筋加工厂内的安全防护主要围绕这些方面展开。

（1）触电安全防护

①场内施工用电应规范管理，各作业区用电回路分开设置，加设断路器和漏电保护器。

②照明设施应加设网罩防护。

③其他临时用电要求参见本书第 1 章第 5 节。

（2）消防安全防护

场内各功能区必须在明显位置设有防火设施，每个功能区至少设置一个消防池并配备相应的灭火器材。钢筋加工厂内的消防设施如图 1-43 所示。

图 1-43　钢筋加工厂内的消防设施

（3）气瓶等危化物品爆炸安全防护

各种气瓶应有标准色，气瓶间距不小于 5 m，距明火不小于 10 m 且采取隔离措施。气瓶使用或存放符合要求，应有防震圈和防护帽。钢筋加工厂内的移动气瓶如图 1-44 所示。

图 1-44　钢筋加工厂内的移动气瓶

（4）机械伤害安全防护

①进场机械设备必须满足工程质量和施工进度要求；安装调试简便，容易操作，维修方便，可靠性高，安全性能好；对环境不会造成污染和破坏，如油、声污染。

②严格遵守持证上岗制度，机械操作人员必须熟悉本机的构造、性能及保养规程，熟练掌握机械设备的操作规程。

③作业人员进入施工现场必须穿戴相应的劳动保护用品。作业前应按设备的操作规程进行检查，作业中严格遵守劳动纪律，严格执行相应操作规程和规章制度，并做好设备使用、维护和保养记录。

④金属加工工作台应稳固；卷扬机应安装牢固、稳定，防止受力时位移和倾斜。

⑤人工断料工具必须牢固。切断小于 30 cm 的短钢筋，应用钳子夹牢，禁止用手把扶，并在外侧设置防护箱笼罩。砂轮机应设置独立隔断的磨削间，并严格按照操作规程进行砂轮磨削作业。

⑥钢筋进行防腐处理时，制作区应远离办公生活区。焊接时，有可靠的接地装置，导线绝缘良好。焊接操作时应佩戴防护用品。

⑦作业人员需要由工班长带领进入施工现场。现场管理人员和作业人员的安全帽应有所区分。安全监察人员应佩戴袖标（牌）。

⑧冬季施工，当温度低于 –5 ℃时，钢筋焊接应有防雨雪、防风、防寒的措施。

（5）起重伤害安全防护

①各种起重设备必须经有关部门检查、验收后方可使用，并且做好验收合格记录，以备检查。

②起吊钢筋时，下方禁止站人，必须待钢筋降落到距地面 1 m 以内方可靠近，就位支撑好方可摘钩。

③龙门吊、桁吊等起重设备必须安装限位器等限位装置，运行的轨道应设防护栏。

龙门吊防护栏如图 1–45 所示，龙门吊防倾覆门架如图 1–46 所示。

图 1-45　龙门吊防护栏

图 1-46　龙门吊防倾覆门架

1.4 预制厂

1.4.1 预制厂建设要求与示例

（1）预制厂建设要求

①勘察选址：在项目开始前，对施工现场进行勘察，了解地质条件、交通状况、环境影响等因素，确保选址合理。

②规划设计：根据项目要求和现场条件编制预制厂施工组织设计，明确施工方案、进度计划、资源配置等。同时，考虑安全生产、环境保护等因素。

③施工准备：做好准备工作，包括施工人员、设备、材料等的组织和进场，以及施工许可证、工程质量验收标准等手续的办理。

④地基处理：对预制厂进行地基处理，确保地基有足够的承载力，避免下沉和变形。对于特殊的地质条件，如软土地基、膨胀土等，需要进行特殊处理。

⑤场内建设：按照施工组织设计建设生产区、存储区、运输区、办公区等场地设施，包括铺设场内道路、架设水电线路、安装生产设备等。

⑥安全设施：按照安全生产要求设置消防设施、防护设施、警示标志等，确保安全生产。同时，落实安全生产管理制度，提高员工安全意识。

⑦环境保护：遵守环境保护法规，采取措施减少粉尘、废水、噪声等环境污染。同时，合理利用土地资源，减少水土流失。

⑧信息化建设：利用信息化技术对预制厂的生产、质量、安全等进行管理，提高管理效率和智能化水平。

（2）预制厂建设示例

智慧梁厂、预制厂全貌、智慧梁厂基本信息等如图1-47—图1-53所示。

图 1-47　智慧梁厂

图 1-48　预制厂全貌

图 1-49 智慧梁厂基本信息

图 1-50 预制厂梁板钢筋绑扎现场

图 1-51　预制厂内梁片运输

图 1-52　预制厂自动喷淋系统

图 1-53　预制梁厂半成品钢筋

1.4.2　预制厂图牌设置

①预制厂内醒目位置应设置工程公示牌、施工平面布置图、安全生产牌、消防保卫牌、管理人员名单及监督电话牌、文明施工牌等。

②吊装作业区、安全通道应设置禁止标志；预制厂的制梁区、存梁区、构件加工区等生产区域应设置明显标志。

③钢筋绑扎区应在明显位置设置标识牌。

④张拉台座两端应设置指令标志，并设置钢板防护。

⑤应在正在使用的机械设备的醒目位置悬挂机械操作安全规定公示牌（即安全操作规程），易发生机械伤害的场所、施工现场出入口应设置禁止和警示标志。

预制厂"六牌一图"如图 1-54 所示，预制厂安全宣传道旗如图 1-55 所示，预制厂安全宣传横幅如图 1-56 所示。

图 1-54　预制厂"六牌一图"

图 1-55　预制厂安全宣传道旗

图 1-56 预制厂安全宣传横幅

1.4.3 预制厂安全防护

预制厂内的主要伤害因素为触电、火灾、机械伤害、起重伤害。因此，预制厂内的安全防护与拌合站、钢筋加工厂类似，相同的安全防护内容本节不再重复。本节仅展示一些预制厂内特色的安全防护。预制厂张拉安全警示、预制厂沉淀池安全警示牌和预制厂梁突出钢筋警示牌如图 1-57—图 1-59 所示。

图 1-57 预制厂张拉安全警示

图 1-58　预制厂沉淀池安全警示牌

图 1-59　预制厂梁突出钢筋警示牌

1.5　用电与消防管理

1.5.1　临时用电示例与释义

施工现场临时用电工程的电源中性点直接接地的 220/380 V 三相四线制低压电力系统，必须符合《公路水运工程临时用电技术规程》（JT/T 1499—

2024）的要求。做到 TN—S 接零保护、三级配电、两级漏电保护和动照分设、压缩配电间距和环境安全。同一台变压器或发电机的各用电系统中，接地保护的型式必须保持一致。

（1）临时用电一般规定

施工现场临时用电设备在 5 台以上或设备总容量在 50 kW 以上，应该编制临时用电组织设计。临时用电组织设计及变更时，必须履行"编制、审核、批准"手续。由电气工程技术人员组织编制，经企业技术负责人和项目总监批准、验收后，方可实施。

电工必须经过按国家现行标准考核合格后，持证上岗工作；其他用电人员必须通过相关安全教育培训和技术交底，考核合格后方可上岗工作。

施工现场临时用电工程所使用的电气设备、装置、元器件和电线、电缆等产品，必须采用经国家"3C"认证的合格产品。电气产品在使用前应进行核查，不合格产品不得用于临时用电工程。

（2）与外电架空线路的安全距离

在建工程（含脚手架）的周边与架空线路的边线之间的最小安全操作距离，如表 1-1 所示。

表 1-1　在建工程（含脚手架）的周边与架空线路的边线之间的最小安全操作距离

外电架空线路电压等级 /kV	< 1	1—10	35—110	220	330—550
最小安全操作距离 /m	4.0	6.0	8.0	10.0	15.0

施工现场的机动车道与架空线路交叉时的最小垂直距离如表1-2所示。

表1-2　施工现场的机动车道与架空线路交叉时的最小垂直距离

外电架空线路电压等级 /kV	< 1	1—10	35
最小垂直距离 /m	6.0	7.0	7.0

起重机与架空线路边线的最小安全距离如表1-3所示。

表1-3　起重机与架空线路边线的最小安全距离

外电架空线路电压等级 /kV	< 1	10	35	110	220	330	500
垂直方向最小安全距离 /m	1.5	3.0	4.0	5.0	6.0	7.0	8.5
水平方向最小安全距离 /m	1.5	2.0	3.5	4.0	6.0	7.0	8.5

防护设施与外电线路之间的最小安全距离如表1-4所示。

表1-4　防护设施与外电线路之间的最小安全距离

外电架空线路电压等级 /kV	≤ 10	35	110	220	330	500
最小安全距离 /m	1.7	2.0	2.5	4.0	5.0	6.0

当达不到以上安全距离时，必须采取绝缘隔离防护措施，并悬挂醒目的警示标志。当防护措施无法实现时，必须与有关部门协商，采取停电、迁移外电线路或更改工程位置等措施。外电防护示例如图1-60所示。

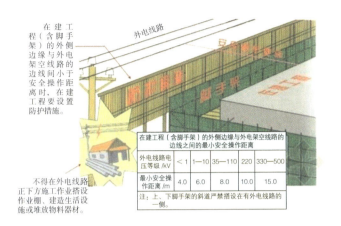

在建工程（含脚手架）的外侧边缘与外电架空线路的边线间小于安全操作距离时，在建工程要设置防护措施。

外电线路

在建工程（含脚手架）的外侧边缘与外电架空线路的边线之间的最小安全操作距离

外电线路电压等级 /kV	< 1	1—10	35—110	220	330—500
最小安全操作距离 /m	4.0	6.0	8.0	10.0	15.0

注：上、下脚手架的斜道严禁搭设在有外电线路的一侧。

不得在外电线路正下方施工搭设作业棚、建造生活设施或堆放物料器材。

图 1-60 外电防护示例

（3）接地与接零保护系统

施工现场临时用电工程专用的电源中性点直接接地的 220/380 V 三相四线制低压电力系统，必须采用 TN—S 接零保护系统。保护零线应由工作接地线、配电室（总配电箱）电源侧零线或总漏电保护器侧零线处引出。

在施工现场专用变压器供电的 TN—S 接零保护系统中，电气设备的金属外壳必须与保护零线连接，如图 1-61 所示 。

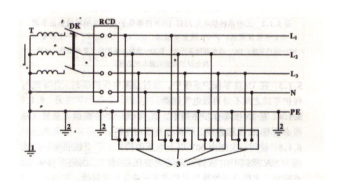

图 1-61 专用变压器供电时 TN—S 接零保护系统示意图

当施工现场与外电线路共用同一供电系统时，电气设备的接地、接零保护应与原系统保持一致，不得一部分设备做保护接零，另一部分设备做保护接地。

采用 TN 系统做保护接零时，工作零线（N 线）必须通过总漏电保护器，保护零线（PE 线）必须由电源进线重复接地处或总漏电保护器电源侧零线处，引出形成局部 TN—S 接零保护系统，如图 1-62 所示。

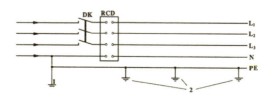

1—NPE 线重复接地；2—PE 线重复接地；L1、L2、L3—相线；N—工作零线；
PE—保护零线；DK—总电源隔离开关；RCD—总漏电保护器（兼有短路、过载、漏电
保护功能的漏电断路器）。

图 1-62　三相四线供电时局部 TN—S 接零保护系统零线引出示意图

PE 线上严禁装设开关或熔断器，严禁通过工作电流，且严禁断线。与电气设备相连接的保护零线应为截面面积不小于 2.5 mm² 的绝缘多股铜线。

TN 系统中的保护接零除必须在配电室或配电箱处做重复接地外，还必须在配电系统中间处和末端处做重复接地。

在 TN 系统中，保护零线每一处重复接地装置的接地电阻值不应大于 10 Ω。在工作接地电阻值允许达到 10 Ω 的电力系统中，所有重复接地的等效电阻值不应大于 10 Ω。

（4）配电箱与开关箱

施工现场临时用电系统应执行"三级配电"（如图 1-63、图 1-64 所示）：总配电箱、分配电箱和开关箱；"二级保护"：总配电箱和开关箱至少设置两级漏电保护器；"一机、一箱、一闸、一漏"：每台用电设备必须采用单独的开关箱和漏电保护器，严禁同一开关箱同时控制 2 台及以上的用电设备（含插座）；"动照分设"：照明配电线路及开关箱应单独设置，动力开关与照明开关箱必须分设。

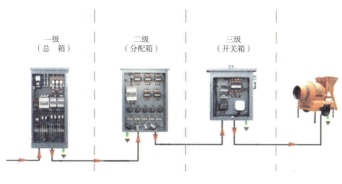

图 1-63 三级配电（1）

总配电箱应设在电源附近，分配电箱应设在用电设备或负荷相对集中的区域，开关箱与分配电箱的距离不得超过 30 m，开关箱与其控制的固定式用电设备的水平距离不得超过 3 m。

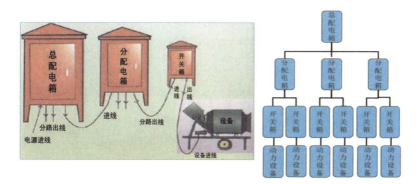

图 1-64 三级配电（2）

配电箱、开关箱应设置牢固，防雨防尘，配门加锁，由专人负责。固定式配电箱、开关箱的中心点与地面的垂直距离为 1.4—1.6 m。移动式配电箱、开关箱的支架应坚固稳定，其中心点与地面的垂直距离为 0.8—1.6 m。配电箱、开关箱周围应有足够两人同时工作的空间和通道。配电箱所在空间不得堆放任何妨碍操作、维修的物品；不得有灌木、杂草等。

配电箱、开关箱（如图 1-65 所示）应标明名称、用途、系统接线图、责任人、联系电话等，附有检查记录表。配电箱、开关箱应设置在干燥、通风及常温环境中。配电箱、开关箱内应保持整洁，禁止放置杂物，不得随意连接其他用电设备，不得随意改动电器配置和接线。配电箱、开关箱的电源进线端严禁采用插头和插座活动连接。

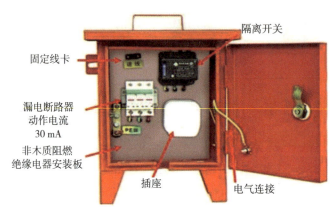

图 1-65　开关箱

施工现场一、二级配电箱的标准防护棚和施工现场一、二级配电箱防护棚示例如图 1-66、图 1-67 所示。

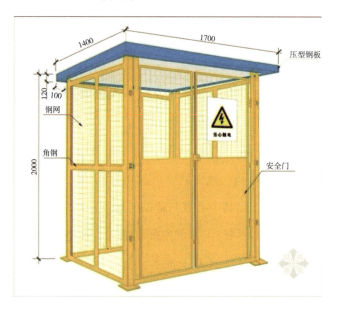

图 1-66　施工现场一、二级配电箱的标准防护棚（单位：mm）

图 1-67 施工现场一、二级配电箱防护棚示例

配电箱的电器安装板上必须分设 N 线端子板和 PE 线端子板。N 线端子板必须与金属电器安装板绝缘，PE 线端子板必须与金属电器安装板做电气连接。N 线必须通过 N 线端子板连接，PE 线必须通过 PE 线端子板连接。施工现场一、二级配电箱示例如图 1-68 所示。

图 1-68 施工现场一、二级配电箱示例

对配电箱、开关箱进行定期维修、检查时，必须将其前一级相应的电源

隔离开关分闸断电,挂接地线,并悬挂"禁止合闸、有人工作"停电标志牌,严禁带电作业。送停电时必须有专人负责。

（5）电器装置

配电箱、开关箱内的所有电器必须安全可靠、状态完好,规格参数与设备容量相匹配。严禁使用破损、不合格或已淘汰的电器。

配电柜、开关箱内应装设电源隔离开关及短路、过载、漏电保护器。漏电保护器的选择、安装和运行要求应符合《剩余电流动作保护电器（RCD）的一般要求》（GB/T 6829—2017）和《剩余电流动作保护装置安装和运行》（GB/T 13955—2017）。配电柜应装设电源隔离开关及短路、过载、漏电保护电器。电源隔离开关分断时应有明显可见分断点。施工现场一、二 级配电箱示例如图 1-69 所示。

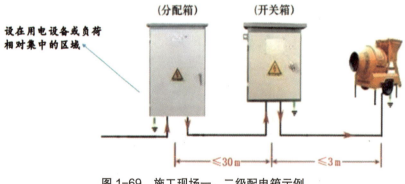

图 1-69　施工现场一、二级配电箱示例

总配电箱内漏电保护器的额定漏电动作电流应大于 30 mA,动作时间应大于 0.1 s,但其乘积不应大于 30 mA·s。开关箱内漏电保护器的额定漏电动作电流不大于 30 mA,动作时间不大于 0.1 s。潮湿、腐蚀环境下的漏电保护器应采用防溅型产品,其额定漏电动作电流应不大于 15 mA,额定漏电动作时间应小于 0.1 s。

漏电保护器的正确使用接线方法,应按照图 1-70 选用。

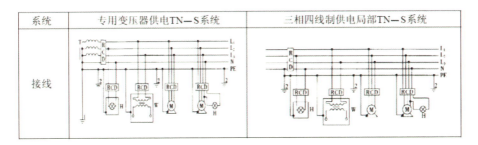

系统	专用变压器供电TN—S系统	三相四线制供电局部TN—S系统
接线		

图 1-70 漏电保护器的正确使用接线方法

（6）现场照明

照明灯具的金属外壳必须与 PE 线连接，照明开关箱内必须装设隔离开关、短路与过载保护电器和漏电保护器。

室外 220 V 灯具距地面不得低于 3 m，室内 220 V 灯具距地不得低于 2.5 m。普通灯具与易燃物距离不宜小于 300 mm。聚光灯、碘钨灯等高热灯具与易燃物距离不宜小于 500 mm，且不得直接照射易燃物。达不到规定安全距离时，应采取隔热措施。

下列特殊场所应使用安全电压照明器：

①隧道、人防工程，有高温、导电灰尘或灯具离地面高度低于 2.4 m 等场所的照明，电源电压应不大于 36 V。

②在潮湿和易触及带电体场所的照明电源电压不得大于 24 V。

③在特别潮湿的场所、导电良好的地面、锅炉或金属容器内工作的照明电源电压不得大于 12 V。

（7）配电线路

架空线路必须采用绝缘导线或电缆线，架设在专用电杆上，严禁架设在树木、脚手架及其他设施上。

用电设备的电缆线应采用埋地或架空敷设，严禁沿地面明设，避免机械损害和水中浸泡。埋地电缆在穿越设备、道路等易受机械伤害及引出地面从

2.0 m 到地下 0.2 m 处，并加设防护套管。

电缆线架空敷设时，应沿墙壁或电杆设置，并用绝缘子固定，严禁使用金属裸线作绑线。固定点间距应保证电缆线能承受自重所带来的荷重。电缆线的最大弧垂距地不得小于 2.5 m。

电缆接头应牢固可靠，并应做绝缘包扎，保持绝缘强度，不得承受张力。

电缆中必须包含全部工作芯线和用作保护零线或保护线的芯线。需要三相四线制配电的电缆线路必须采用五芯电缆。五芯电缆必须包含淡蓝、绿/黄两种颜色绝缘芯线。淡蓝色芯线必须用作 N 线；绿/黄双色芯线必须用作 PE 线，严禁混用。在任何情况下，不准使用绿/黄双色芯线作负荷线。

（8）电焊机

电焊机应放置在防雨和通风良好的地方。焊接现场不准堆放易燃易爆物品。电焊机的一次侧电源线长度应不大于 5 m，进线处必须设置防护罩。二次线应采用防水橡皮护套铜芯软电缆，电缆长度不应大于 30 m，不得采用金属构件或结构钢筋代替二次线的地线。

电焊工必须持证上岗，按规定穿戴防护用品，严禁露天冒雨从事电焊作业。电焊机防护示例如图 1-71 所示。

图 1-71　电焊机防护示例

1.5.2　消防安全示例与释义

设置在建设工程施工现场，用于扑救施工现场火灾、引导施工人员安全疏散等各类消防设施，包括灭火器、临时消防给水系统、消防应急照明、疏散指示标识、临时疏散通道等。本节主要针对施工现场常用的干粉灭火器、防火间距等内容进行示例与释义。

（1）灭火器配置

根据《建设工程施工现场消防安全技术规范》（GB 50720—2011）的要求，施工现场的下列场所应配置灭火器：

①可燃、易燃物存放及使用场所；

②动火作业场所；

③自备发电机房、配电房等设备用房；

④现场办公、住宿用房；

⑤其他有火灾危险的场所。

消防器材和消防沙地如图 1-72 所示。

图 1-72　消防器材和消防沙地

灭火器的选择、配置、设置应符合《建筑灭火器配置设计规范》（GB 50140—2005）的要求，施工现场一般配备灭火剂充装量为 4 kg 的干粉灭火器。临时设施办公和生活区等每 100 ㎡ 不应少于 2 具灭火器；可燃材料存放、加工和使用场所每 75 ㎡不应少于 2 具灭火器；动火作业场所、易燃易爆危险品存放和使用场所等重点防火区域每 50 ㎡不应少于 3 具灭火器。每个场所内的灭火器数量不应少于 2 具，每个设置点不宜多于 5 具。

灭火器应设置在位置明显和便于取用的地点，且不得影响安全疏散。前方无障碍物，摆放稳固，没有埋压，严禁挪作他用。有专人管理，存放整齐，标志醒目，定期巡查和养护。

手提式灭火器宜设置在挂钩、托架上或灭火器箱内，设置在挂钩上的灭火器，其顶部离地面高度不应大于 1.5 m。

灭火器不应设置在潮湿或强腐蚀性的地点，如必须设置时，应有相应的保护措施。设置在室外的灭火器应有防晒、防雨等保护措施。

灭火器至少每月进行一次定期检查。灭火器材存放点应设有编号、责任人、检查记录等。灭火器筒体应色泽均匀，无明显划痕、碰伤、锈蚀等缺陷。器头不允许存在裂纹、螺纹失效等缺陷。压把、阀体等金属件不得有严重损伤、变形、锈蚀等缺陷。保险销和铅封应完好。压力表的指针应在工作压力范围内，外表面不得有变形、损伤等缺陷。灭火器压力表如图 1–73 所示。

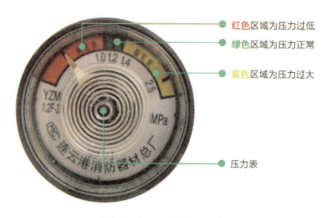

图 1-73　灭火器压力表

灭火器应有消防认证防伪标志。不论使用与否，距出厂的日期满 5 年后，必须进行首次充装，以后每 2 年进行充装和试验检查。干粉灭火器使用年限为 10 年。灭火器各项指标如图 1-74 所示。

图 1-74 灭火器各项指标

（2）防火间距

施工现场应设置临时消防通道，与在建工程、临时用房、可燃物料堆放场及加工厂的距离不宜小于 5 m，且不大于 40 m。当施工现场周边的道路状况满足消防通道要求时，可以不设置临时消防通道。

施工现场的临时设施，如办公、生活、生产、物料储存等功能区域，宜相对独立布置。易燃易爆危险品库房与在建工程的防火间距不应小于 15 m，可燃材料堆场及其加工厂、固定动火作业场与在建工程的防火间距不应小于 10 m，其他临时用房、临时设施与在建工程的防火间距不应小于 6 m。

危险品仓库应远离明火作业区、人员密集区和建筑物相对集中区。易燃物品堆场及加工厂、危险品仓库不应布置在架空电力线下方。宿舍里禁止明火烧饭、违章搭接电源、使用大功率电器等，现场禁止焚烧垃圾。

1.6 危险物品管理

危险物品，是指易燃易爆物品、危险化学品、放射性物品等能够危及人身安全和财产安全的物品。在交通工程建设领域，危险物品主要包括民用爆炸物品、工业气瓶、燃油储存等。

1.6.1 民用爆炸物品管理

由于公安机关对于施工现场的民用爆炸物品采取了统一登记、统一配送、统一回收的管理方法，施工现场一般不自行存放爆炸物品，有效提高了现场对爆炸物品的安全管理水平。但对于民用爆炸物品的现场作业人员、安全监管和爆炸物品的临时管理，作出如下要求。

①施工单位进行爆破作业及民用爆炸物品的管理活动，应严格遵守《民用爆炸物品安全管理条例》和《爆破安全规程》（GB 6722—2014）的相关规定。

②民用爆炸物品临时库房（如图1-75所示）应符合《小型民用爆炸物品储存库安全规范》（GA 838—2009）的要求，须经公安机关验收合格后，方可投入使用。库房选点应合理，不受山洪、滑坡和危石威胁。库容应满足施工要求，储存条件符合有关要求。四周设置围墙，高度不低于2 m，围墙到最近库房距离不小于5 m。库内保持清洁，无杂物杂草，无易燃物，严禁吸烟、用火，严禁将火种和汽油、柴油等易燃易爆物品带入库房。库区应设置醒目警戒标志和"严禁吸烟"标志。库房内不得安照灯具，宜采用自然光，可在库房外围安设投射光源照明，灯具距库房的距离不小于3 m。可使用防爆电筒或手提式防爆应急灯，不得使用需用电网供电的移动式灯具。库区的消防、通信和防雷设施应齐全、完好、有效，应定期检查。应设防盗报警及可视安防装置。库房容量不得超过公安机关批准的容量。爆炸物品的码放、

储存保管等环节应严格执行相关规定。

图 1-75 民用爆炸物品临时库房

③对爆破作业人员、涉爆人员情况进行严格把关，严格政审，不熟悉爆破安全技能人员、无爆破证人员、不明底细人员、新进场工人坚决不能接触爆炸物品和爆破作业。爆破作业人员必须选择政治可靠、责任心强、熟悉爆炸物品性能、操作规程和安全常识，具有一定文化程度，接受过业务培训的人员担任。爆破四大员即爆破员、押运员、安全员、保管员必须持有公安机关发给的相应作业证，才可上岗作业，严禁无证上岗作业。严格管理爆炸物品的出入库及退库。对涉爆人员的宿舍进行不定期检查，防止私存炸药等行为，确保爆炸物品的管理不留任何死角、隐患。

④监管爆破作业现场。严格按照《爆破安全规程》（GB 6722—2014），增加安全技术措施，爆破作业人员必须有专业资质证。在爆破过程中，落实安全警戒负责人，并向爆破区周围派出警戒人员。加强对炸药、雷管等火工品的管理。加强爆破员、安全员、押运员和爆破物品储存、运输的管理，严格爆破器材审批程序，严格监管爆破作业火工用品的领取、使用、归还以及储存保管等环节，加强爆破火工用品的填埋、布线、警戒、起爆管理，严格

检查爆破作业时的药孔孔深、孔径、装药量和减震、防护措施，做好隐患排查工作，确保爆破作业安全。

⑤做好爆炸物品的管理工作。爆破器材必须经所在地公安机关批准，并领取《爆炸物品储存许可证》，方可储存在仓库内，并设专人（持证的保管员）管理，不准任意存放，严禁将爆破器材发给承包户或个人保存。保管员必须建立出入库检查登记制度。收存和发放爆破器材必须进行登记，做到购买、库存、发出、领用、退回、销毁的数量与账目相符。

1.6.2　工业气瓶管理

施工现场使用的工业气瓶一般为氧气瓶、乙炔瓶、石油液化气瓶等。

气瓶瓶体漆色、字样应清晰；瓶体外观应无缺陷，无机械性损伤，无严重腐蚀、灼痕；瓶帽、瓶阀、防震圈、减压阀、压力表、回火防止器等安全附件应齐全、完好。瓶体每3年应检查1次。

氧气瓶、乙炔瓶应分别储存于专用库房内，不允许同库存放，存放间距应大于10 m。空瓶与实瓶应分开存放，并设置防倾倒措施。库房应设高、低窗进行自然通风，并采取隔热、防晒、防火等措施。库房外应设置禁火标志，消防器材的配备应符合《建筑灭火器配置设计规范》（GB 50140—2005）的规定。氧气瓶、乙炔瓶存放如图1-76所示。

图1-76　氧气瓶、乙炔瓶存放

操作人员必须持证上岗，正确穿戴劳动防护用品。乙炔瓶不允许卧放使用，并采取防倾倒措施。氧气瓶与乙炔瓶的摆放距离不得小于 5 m，气瓶与明火作业点的间距不应小于 10 m，如不能满足安全距离时，应采取隔离防护措施。施工现场严禁使用低温绝热气瓶。

不得采用超过 40 ℃的热源对气瓶加热，气瓶减压器的压力表应定期校验，乙炔瓶工作时应安装回火防止器。气瓶内气体不得耗尽，应留有不小于 0.05 MPa 的余压，工作现场的气瓶同一地点存放量不得超过 20 瓶，超过 20 瓶则应建二级气瓶库。

1.6.3　油品管理

施工现场常用的油品一般为汽油、柴油、液压油和润滑油等。其中液压油和润滑油存放量较少，危险性不大。本节主要考虑汽油、柴油的存放与管理。

油品存放处与建筑物、构筑物之间的安全间距应符合《石油库设计规范》（GB 50074—2014）相关规定。电气、通信线路、架空线不应跨越油罐，其平行距离应为电杆高的 1.5 倍。油品存放处的消防设施应该完备、有效，灭火器的配置应符合《建筑灭火器配置设计规范》（GB 50140—2005）的相关规定。灭火器材应定位存放，并在检验周期内使用；灭火器材存放点设有编号、责任人。室外灭火的砂、铲、桶应齐全。消防通道应畅通，无占道堵塞现象。油品存放处应设有醒目的安全警示标志。

汽油罐、柴油罐应埋地安装，严禁安装在室内或地下室内，宜设有高液位报警功能的液位计。地上油罐区四周应设防火堤，下方不应有排水管网向外排放。采用卧式罐应有足够的强度，并设有良好的防腐和消除静电措施。油车卸油时应采用导除静电耐油软管，或单独安装接地装置。

油品存放处的防雷接地装置应符合《建筑物防雷设计规范》（GB 50057—2010 的相关规定。钢油罐应做防雷接地和防静电接地，其接地点不得少于 2 处，接地电阻应小于 10 Ω。

油罐区内电器设施、线路、开关均应按防爆要求安装。建筑物耐火等级不应低于 2 级，门、窗应向外开放，设高、低窗进行自然通风。油罐区内使用的开桶、抽油工具应使用不易产生火星的材料制作。

1.7　特种设备管理

1.7.1　特种设备管理

1）特种设备管理规定

特种设备的购置、安装、使用、管理应当遵守《中华人民共和国特种设备安全法》和其他有关法律法规，建立健全特种设备安全和节能责任制度。使用单位应当在特种设备投入使用前或者投入使用后 30 日内，向当地特种设备安全监督管理部门办理使用登记，取得使用登记证书。登记标志应当置于该特种设备的显著位置。

应配备专职、兼职的特种设备安全管理人员。特种设备安装拆卸工、起重信号工、起重司机、司索工等相关作业人员应当按照国家有关规定取得相应资格，方可从事相关工作。

特种设备应当随附安全技术规范要求的设计文件、产品质量合格证明、安装及使用维护保养说明、监督检验证明等相关技术资料和文件，并在特种设备显著位置设置产品铭牌、安全警示标志、安全操作规范和机械设备标识牌（如图 1-77 所示）。

机械设备标识牌			
设备名称		编　号	
规格型号		操作司机	
机械责任人		电器责任人	
进场日期		状　态	

图 1-77　机械设备标识牌

应当按照"一机一档"的要求，建立特种设备安全技术档案。安全技术档案应当包括以下内容：

①特种设备的设计文件、产品质量合格证明、安装及使用维护保养说明、监督检验证明等相关技术资料和文件；

②特种设备的定期检验和定期自行检查记录；

③特种设备的日常使用状况记录；

④特种设备及其附属仪器仪表的维护保养记录；

⑤特种设备的运行故障和事故记录。

特种设备进场前，应按照有关规定进行检验，技术资料和文件齐全、有效，技术性能满足要求，安全防护设施齐全、可靠。

特种设备的安装调试、拆除工作应由具备相关资质的单位承担，并经当地特种设备安全监督管理部门检测合格以后方可使用。严禁自行对特种设备进行改装。特种设备信息牌如图 1-78 所示。

图 1-78　特种设备信息牌

2）起重机械

（1）吊具与索具

制造厂起重机械所使用的钢丝绳及索具应当具备生产商提供的出厂合格

证和材质证明。按照《起重机　钢丝绳　保养、维护、检验和报废》（GB/T 5973—2023）、《起重机械吊具与索具安全规程》（LD 48—1993）进行管理。吊具与索具应定置摆放，且有明显的载荷标识。

根据用途及载荷来选择钢丝绳的规格与直径，安全系数应当符合产品规格和说明书的要求，且不应小于 5。使用前，应检查产品合格证，确认其性能和规格符合要求。

采用编织方式连接钢丝绳端部时，钢丝绳编织长度不得小于钢丝绳直径的 20 倍，且不应小于 300 mm。

采用绳卡固接钢丝绳时，绳卡的规格、数量、间距应当与钢丝绳直径相匹配，并符合相关规定。

绳卡数目一般不少于 3 个，绳卡的间距应大于钢丝绳径的 6 倍，最后一个卡子距绳头距离大于 140 mm。钢丝绳绳卡应配套使用，绳直径在 10 mm 以下时，绳卡应不少于 3 个；绳直径在 10—20 mm 时应不少于 4 个；绳直径在 21—26 mm 时应不少于 5 个。绳卡之间的排列间距一般为钢丝绳直径的 6—8 倍，绳卡要一顺排列，应将 U 形环部分卡在绳头的一面，压板放在主绳的一面。钢丝绳卡的连接方法如图 1-79 所示。

图 1-79　钢丝绳卡的连接方法

当钢丝绳出现断丝、磨损、腐蚀、变形等情况时，应当按照《起重机 钢丝绳 保养、维护、检验和报废》（GB/T 5972—2023）的要求，及时报废并更换钢丝绳。

吊钩与吊环应定期检查，表面应光滑，不得有剥痕、刻痕、锐角、裂纹等缺陷。危险断面磨损量不得大于原尺寸的 10 %，开口度不得超过原尺寸的 15 %，扭转变形不得超过 10°。危险断面或吊钩颈部不得产生塑性变形。严禁自行制作吊钩与吊环，严禁补焊。吊钩的防脱钩装置应齐全且有效。

（2）起重机械

施工现场常用的起重机械有塔式起重机、门式起重机、缆索起重机和架桥机等。起重机械的一般要求有以下几个方面。

①起重机械的安全管理和资料应满足相应要求，产品合格证书、自检报告等资料齐全。

②在金属结构件和轨道中，主要受力构件（如主梁、主支撑腿、主副吊臂、标准节、吊具横梁等）无明显变形。金属结构件的连接焊缝无明显焊接缺陷，螺栓和销轴等连接处无松动，并无缺件、损坏等。大车、小车轨道无松动。

③滑轮应转动灵活，其防护罩应完好。滑轮直径与钢丝绳的直径应匹配，其轮槽不均匀磨损不得大于 3 mm，轮槽壁厚磨损不得大于原壁厚的 20 %，轮槽底部直径磨损不得大于钢丝绳直径的 50 %，并不得有裂纹。

④制动器应运行可靠，制动力矩调整合适。液压制动器不得漏油。

⑤各类行程限位、重量限制器开关、联锁保护装置及其他保护装置应完好、可靠。

⑥急停装置、缓冲器和终端止挡器等停车保护装置应完好、可靠。

⑦各种信号装置与照明设施应完好有效。

⑧ PE 线应连接可靠，电气装置应配备完好。

⑨各类防护罩、盖完整可靠。工业梯台应符合相关规定。

起重机械的明显部位应标注额定起重量、检验合格证和设备编号等标识；危险部位标志应齐全、清晰，并符合《安全标志及其使用导则》（GB 2894—2008）的规定。运动部件与建筑物、设施、输电线的安全距离应符合相关标准，司机室应确保视野清晰，并配有灭火器和绝缘地板，各操作装置标识完好、醒目。

严格执行起重吊装"十不吊"规定：①指挥信号不明不准吊；②斜牵斜拉不准吊；③被吊物重量不明或超负荷不准吊；④散物捆扎不牢或物料装放过满不准吊；⑤吊物上有人不准吊；⑥埋在地下物不准吊；⑦机械安全装置失灵不准吊；⑧现场光线暗看不清吊物起落点不准吊；⑨棱刃物与钢丝绳直接接触无保护措施不准吊；⑩六级以上强风不准吊。

（3）升降平台

①升降平台的购置、维护、使用与报废应符合《剪叉式升降台 安全规程》（JB 5320—2000）的要求。升降平台的安全管理和资料应满足相应要求，产品合格证书、自检报告等资料齐全，并按周期进行检验，日常点检、定期自检、日常维护保养等记录齐全。

②主要结构件安全系数应满足相关规定，且无变形、腐蚀、裂纹等缺陷。

③升降平台在升降过程中自然偏摆量应不大于 0.5 % 的最大起升高度。

④升降平台应设置防止支腿回缩装置，在工作台承受最大载重量停留 15 min 时，支腿的回缩量应不大于 3 mm。

⑤升降平台的安全保护：在动力油路等出现故障时，应设置防止工作台失控下降的安全装置（允许有控下降）。若工作台能在水平面内旋转，当旋转至某一角度后应设置锁定装置将工作台锁住。在行驶状态时应确保工作台不旋转；工作台上升至最大起升高度时，上升极限位置限制器应自动切断工

作台上升动力源。

⑥升降车和行驶速度大于 4 km/h 的自行式升降台应设置报警装置。

⑦工作台四周应设置高度不小于 1000 mm 的保护栏杆或其他保护设施，栏杆应承受 1000 N 静集中载荷。工作台表面应防滑。当升降台动力源切断时应设置紧急下降的装置。

⑧操作按钮设置合理，显示准确、清晰。

3）压力容器及安全附件

施工现场常用的压力容器一般为空压机（站）、压缩空气储罐等。

（1）空压机（站）

①安全管理和资料应满足相应要求，产品合格证书、自检报告等资料齐全。

②安全装置：压力表应指示灵敏、刻度清晰、铅封完整，表盘上应有最高工作压力警示线，并在检验周期内使用。温度计应刻度清晰，并在检验周期内使用。安全阀应铅封完好，并在检验周期内使用。液位计（油标）标识应清晰、准确，并设有最低、最高油位标记。

③保护装置：工作压力达到额定压力时，超压保护装置应能自动切换为无负荷状态。驱动功率大于 15 kW 的空压机，超温保护装置应能使每级排气温度超过允许值时自动切断动力回路。

④设备外露的旋转部件均应设置齐全、可靠的防护罩，其安全距离应符合《机械安全　防止上下肢触及危险区的安全距离》（GB/T 23821—2022）的相关规定。

⑤活塞式空压机与储罐间的止回阀、冷却器、油水分离器、排空管应完好、有效。

⑥电气安全：开关箱应符合有关规定，PE 线应连接可靠。

（2）压缩空气储罐

①空气储罐的安全管理和资料应满足相应要求，产品合格证书、出厂、安装等资料齐全。并按周期进行检验，注册登记证号应印制在本体上。运行记录齐全、完整。

②储罐本体：接口部位的焊缝、法兰等部件应无变形、无腐蚀、无裂纹、无过热及泄漏，油漆应完好。连接管元件应无异常振动，无摩擦、无松动。支座支撑应牢固，连接处无松动、无移位、无沉降、无倾斜、无裂纹等。

③安全附件：泄压装置、显示装置、自动报警装置、联锁装置应完好。检验、调试、更换记录齐全，并在检验周期内使用。压力表应指示灵敏、刻度清晰，铅封完整，装设点应方便观察；量程为容器工作压力的 1.5—3 倍，其精度不低于 2.5 级，表盘直径不应小于 100 mm，表盘上应标示出最高工作压力红线。安全阀应铅封完好，且动作灵敏；安装在安全阀下方的截止阀应常开，并加铅封。

④运行时应无超压、超温、超载等情况，且无异常振动、响动。疏水器应保持畅通，并对周围环境无污染。

1.7.2　厂内机动车（含工程机械）管理

①厂内机动车辆的安全管理和资料应满足相应要求，产品合格证书、自检报告等资料齐全；应注册登记，并按周期进行检验；日常点检、定期自检、日常维护保养等记录齐全。

②车身整洁，所有部件及防护装置应齐全、完整。

③动力系统应运转平稳，无异常声音；点火、燃料、润滑、冷却系统性能应良好；连接管道应无漏水、无漏油情况。

④电气系统应完好；大灯、转向、制动灯应完好并有牢固可靠的保护罩；

电器仪表应配置齐全，性能可靠；喇叭应灵敏，音量适中；连接电气线路应无漏电。

⑤传动系统应运转平稳，离合器分离彻底，接合平稳，不打滑、无异响；变速器的自锁、互锁应可靠，且不跳挡、不乱挡。

⑥行驶系统应连接紧固，车架和前后桥不应变形或产生裂纹；轮胎磨损不应超过标准规定的磨损量，且胎面无损伤。

⑦转向机构应轻便灵活可靠，行驶中不应摆振、抖动、阻滞及跑偏等。

⑧制动系统应安全可靠，无跑偏现象，制动距离满足安全行驶的要求；电瓶车的制动联锁装置应齐全、可靠，制动时联锁开关应切断行车电源。

2 施工便道标准化

本章对临时便道标准化建设进行分析，提供解决施工工具、设备和材料从场外运至施工现场，以及其他交通问题的具体实施措施。施工便道是临时工程，维持短期通车，是在主体工程施工之前修建的临时道路设施，一般修建标准较低，满足使用要求为宜，使用后一般会予以拆除或废弃，通常至主体工程完工，是整个施工过程顺利开展的重要保证。

本项目路线为多山地区，山势陡峭，潜在崩塌点、滑坡体多，地质灾害多发。尤其是雨季、台风季，山坡土质长期受雨水浸泡，土质稳定性降低，极易发生山体滑坡、土方坍塌等灾害，施工现场存在较大安全隐患。

（1）施工便道设计要求

施工便道应满足施工车辆通行要求，根据运输荷载、使用功能、环境条件进行设计和施工，不得破坏原有水系、降低原有泄洪能力，并应符合下列规定。

①双车道施工便道（如图 2-1 所示）宽度不宜小于 6.5 m。

图 2-1　双车道施工便道

②单车道施工便道宽度不宜小于4.5 m,并宜设置错车道(如图2-2所示),错车道应设在视野良好的地段,间距不宜大于300 m。设置错车道路段的施工便道(如图2-3所示)宽度宜不小于6.5 m,有效长度宜不小于20 m。

图 2-2　单车道错车道　　　　图 2-3　单车道施工便道

③路拱坡度应根据路面类型和现场自然条件确定,并应大于1.5 %。

④施工便道应根据需要设置排水沟、圆管涵等排水设施。

⑤施工便道在急弯、陡坡、连续转弯等危险路段应进行硬化，设置警示标志，并根据需要设置防护设施。

⑥施工便道中易发生落石、滑坡等危险路段应根据需要设置防护设施。

（2）警示及照明设置要求

新建变道与既有道路平面交叉存在车辆伤害风险和交通组织风险，根据需要设置照明设施，确保夜间施工安全。

①施工便道与既有道路平面交叉处应设置道口警示标志，有高度限制的应设置限高架。

②施工便桥（如图2-4所示）应根据使用要求和水文条件进行设计，并应设置限宽、限速、限载标志，建成后验收。

图2-4　施工便桥

3 路基高边坡标准化

本章包括监测预警和路基工程两部分。路基的质量直接关系着公路的使用寿命，且路基质量是公路质量的重要保障。做好公路路基边坡的防护工作，可以确保路基的质量，还可以增加路基的强度和稳定性。由于雨水、风力等自然因素会破坏路基边坡的质量和稳定性，必须采取有效的防护措施加强路基边坡的防护。

3.1 监测预警

3.1.1 边坡安全等级

边坡安全等级见表 3-1。

表 3-1 边坡安全等级

边坡类型		边坡高度 H/m	破坏后果	安全等级
岩质边坡	岩体类型为 I 类或 II 类	$H \leqslant 30$	很严重	一级
			严重	二级
			不严重	三级
	岩体类型为 III 类或 IV 类	$15 < H \leqslant 30$	很严重	一级
			严重	二级
		$H \leqslant 15$	很严重	一级
			严重	二级
			不严重	三级
土质边坡		$10 < H \leqslant 15$	很严重	一级
			严重	二级
		$H \leqslant 10$	很严重	一级
			严重	二级
			不严重	三级

条文说明依据《建筑边坡工程技术规范》（GB 50330—2013）第 3.2.1 条规定。

3.1.2　边坡工程监测项目

边坡工程可根据安全等级、地质环境、边坡类型、支护结构类型和变形控制要求，按表 3-2 选择监测项目。

表 3-2　边坡工程监测项目

测试项目	测点布置位置	边坡工程安全等级		
		一级	二级	三级
坡顶水平位移和垂直位移	支护结构顶部或预估支护结构变形最大处	应测	应测	应测
地表裂缝	墙顶背后 1.0 H（岩质）—1.5 H（土质）范围内	应测	应测	选测
坡顶建（构）筑物变形	边坡坡顶建筑物基础、墙面和整体倾斜	应测	应测	选测
降雨、洪水与时间关系	—	应测	应测	选测
锚杆（索）拉力	外锚头或锚杆主筋	应测	选测	可不测
支护结构变形	主要受力构件	应测	选测	可不测
支护结构应力	应力最大处	选测	选测	可不测
地下水、渗水与降雨关系	出水点	应测	选测	可不测

条文说明依据《建筑边坡工程技术规范》（GB 50330—2013）第 19.1.3 条规定。

3.2　路基工程

承担路基路面施工的企业组建项目部时，项目部的驻地、厂站（钢筋加工厂、拌合站）建设参照第 1 章关于驻地、厂站建设的内容。本节的主要内容为路基工程安全防护与示例。

3.2.1 路基开挖

（1）《公路工程施工安全技术规范》（JTG F 90—2015）中的规定

①路堑开挖应采取保证边坡稳定的措施，边坡有防护要求的应开挖一级防护一级，且应自上而下开挖，不得掏底开挖、上下同时开挖、乱挖超挖。（6.3.5）

②深挖路堑施工应及时施做临时排水设施，边坡应严格按设计坡度开挖，并应监测边坡的稳定性。（6.3.6）

③靠近结构物处挖土应采取安全防护设施。路基范围内暂时不能迁移的结构物应预留土台，并应设置警示标志。（6.3.9）

④爆破作业前应设置警戒区。（6.4.1）

（2）对应《交通运输企业安全生产标准化建设评价管理办法》指标

①第6部分第1点第2条：按有关规定配足有效的安全防护、环境保护、消防、救生设备及器材。

②第6部分第1点第4条：按规定设置设施设备安全警告标志、指示牌。

③第9部分第5点第1条：在存在危险因素的场所和设备设施，设置明显的安全警示标志，警示、告知危险种类、后果及应急措施。

（3）示例

①在距施工现场的沟、坑、水塘等边缘约1 m处设置安全护栏。

②特殊路段的石方开挖施工，应设置防危石设施，一般为被动防护阻拦网，在风化较严重的山体坡面宜采用主动柔性防护网。

③在居民区附近开挖，应根据实际需要设置隔离设施、临时便道或便桥。

④路基爆破危险区和安全区的交界处应设置警戒隔离绳和警戒牌。

防危石设施如图 3-1 所示。

被动防护阻拦网 主动柔性防护网

图 3-1 防危石设施

3.2.2 高边坡施工

高边坡等应按要求进行施工安全风险评估，编制风险评估报告，并进行现场监控。

（1）风险评估对象

①高于 20 m 的土质边坡、高于 30 m 的岩质边坡；

②老滑坡体、岩堆体、老错落体等不良地质体地段开挖形成的不足 20 m 的边坡；

③膨胀土、高液限土、冻土、黄土等特殊岩土地段开挖形成的不足 20 m 的边坡；

④城乡居民居住区、民用军用地下管线分布区、高压铁塔附近等施工场地周边环境复杂地段开挖形成的不足 20 m 的边坡。

（2）条文说明

风险评估对象依据《高速公路路堑高边坡工程施工安全风险评估指南》第 3.1.2 条规定。

高边坡截水沟施工应设置防止作业人员跌落的设施。（条文说明：依据《公路路基施工技术规范》（JTG/T 3610—2019）第 9.9.16 条可知，高边坡截水沟施工，应设置防止作业人员跌落的设施。）

　　高边坡施工（如图 3-2 所示）各级碎落台、人员上下通道安全防护设置应符合本书要求。

　　高边坡施工脚手架、高边坡施工马道防护栏及爬梯和高边坡防护如图3-3—图 3-5 所示。

图 3-2　高边坡施工

图 3-3　高边坡施工脚手架

图 3-4　高边坡施工马道防护栏及爬梯

图 3-5 高边坡防护

3.2.3 边坡防护

（1）《公路工程施工安全技术规范》（JTG F 90—2015）中的规定

①边坡防护作业应设警戒区，并应设置明显的警示标志。（6.5.1 第 1 条）

②砌筑作业中，脚手架下不得有人操作及停留，不得重叠作业。（6.5.1 第 4 条）

③不得自上而下顺坡卸落、抛掷砌筑材料。（6.5.1 第 5 条）

④高处运送材料宜使用专用提升设备。（6.5.1 第 6 条）

⑤边坡喷射砂浆应自下而上顺序施作。（6.5.2）

（2）对应《交通运输企业安全生产标准化建设评价管理办法》指标

①第 6 部分第 1 点第 2 条：按有关规定配足有效的安全防护、环境保护、消防、救生设备及器材。

②第 6 部分第 1 点第 4 条：按规定设置设施设备安全警告标志、指示牌。

③第 9 部分第 5 点第 1 条：在存在危险因素的场所和设备设施，设置明显的安全警示标志，警示、告知危险种类、后果及应急措施。

（3）示例

①在离地面 2 m 及以上的高处或高边坡坡面上从事砌筑、撬石、运料等

作业时，必须搭设脚手架作业平台并设防护网，平台应满铺脚手板，可选用钢、竹、木材质。根据施工实际设置施工人员上下爬梯。

②挡护工程砌筑时，应先做好排水，经常检查基坑边坡稳定情况。高出地面时，人员严禁靠近墙脚或坡脚。砌筑锥体或坡面时，严禁采用自上而下自由滚落的方式运送石料。

③勾缝作业应设置挂篮。挂篮临边侧应设置防护栏杆和安全网，施工人员必须系好安全带。

④喷射砂浆防护施工现场作业区域应设定警戒线，施工前必须按施工方案要求搭设脚手架和作业平台，满铺脚手板并固定，临边设防护。

4 桥梁工程标准化

本章以承担桥梁施工的企业组建项目部为切入点，主要讲述通用桥梁工程安全防护与示例、代表性桥梁工程安全防护与示例及桥梁工程四新技术示例。

4.1 桥梁工程

4.1.1 桩基施工标准化

1）钻孔灌注桩

（1）《公路工程施工安全技术规范》（JTG F 90—2015）中的规定

①泥浆池、沉淀池周围应设置防护栏杆和警示标志。（8.1.2）

②施工作业区域应设置警戒区。（8.3.1 第 1 条）

③停止施工的钻、挖孔桩，孔口应加盖防护，四周应设置护栏及明显的警示标志，夜间应悬挂示警红灯。（8.3.1 第 4 条）

④浇筑混凝土时，孔口应设防坠落设施。（8.3.1 第 7 条）

⑤钻机安设应平稳、牢固。（8.3.2 第 2 条）

（2）对应《交通运输企业安全生产标准化建设评价管理办法》指标

①第 6 部分第 1 点第 2 条：按有关规定配足有效的安全防护、环境保护、消防、救生设备及器材。

②第6部分第1点第4条：按规定设置设施设备安全警告标志、指示牌。

③第9部分第5点第1条：在存在危险因素的场所和设备设施，设置明显的安全警示标志，警示、告知危险种类、后果及应急措施。

（3）示例

①钻机安装时，机架应垫平，并设置缆风绳及地锚以保持稳定。

②已埋设护筒未开钻或已成桩护筒尚未拔除的，应加设护筒顶盖或铺设钢筋网片，或设置孔口安全护栏。孔口覆盖如图4-1所示。

图4-1　孔口覆盖

③泥浆池（如图4-2所示）、循环池周边必须设置安全防护围栏及警示标志，夜间悬挂红灯示警。

④进入泥浆池内部作业，须设专用通道，通道应支撑牢固，两侧采用栏杆和密目式安全网封闭。

图 4-2　泥浆池

2）人工挖孔桩

（1）《公路工程施工安全技术规范》（JTG F 90—2015）中的规定

①人工挖孔作业时，应持续通风，现场应至少备用 1 套通风设备。（6.5.3 第 1 条）

②孔内作业人员应戴安全帽、系安全带、穿防滑鞋，安全绳应系在孔口。作业人员应通过带护笼的直梯进出，人员上下不得携带工具和材料。作业人员不得利用卷扬机上下桩孔。（6.5.3 第 5 条）

③孔口处应设置护圈，护圈应高出地面 0.3 m。孔口应设置护栏和临时排水沟，夜间应悬挂示警红灯。（6.5.3 第 7 条）

④孔深超过 15 m 的桩孔内应配备有效的通信器材，作业人员在孔内连续作业不得超过 2 h。（6.5.3 第 11 条）

⑤挖孔作业人员的头顶部应设置护盖。弃渣吊斗不得装满，出渣时，孔内作业人员应位于护盖下。（6.5.3 第 13 条）

⑥孔内爆破作业应专门设计。孔深不足 10 m，孔口应做覆盖防护。爆破前，相邻桩孔人员必须撤离。（6.5.3 第 15 条）

（2）对应《交通运输企业安全生产标准化建设评价管理办法》指标

①第6部分第1点第2条：按有关规定配足有效的安全防护、环境保护、消防、救生设备及器材。

②第6部分第1点第4条：按规定设置设施设备安全警告标志、指示牌。

③第9部分第5点第1条：在存在危险因素的场所和设备设施，设置明显的安全警示标志，警示、告知危险种类、后果及应急措施。

（3）示例

①孔口护臂（如图4-3所示）应高出地面30 cm以上，并设防护栏（如图4-4所示）。

图4-3　孔口护臂　　　　　　　图4-4　孔口防护栏

②边坡下方的挖孔桩，临近边坡侧必须设置阻拦网。

③人员上下井口时，必须采用爬梯，每个作业点应配备应急软梯（如图4-5所示）。

图 4-5 应急软梯

④距孔底 2 m 处应设置半圆形防护挡板。孔口边坡防护如图 4-6 所示。

图 4-6 孔口边坡防护

⑤提升机配重应采用专制配重框（如图4-7所示），内设预制水泥块或沙袋。半月形防护如图4-8所示。

图4-7　专制配重框

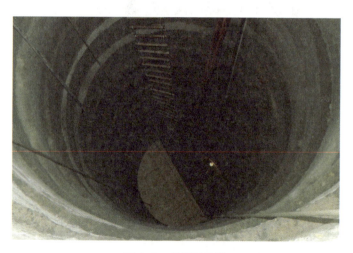

图4-8　半月形防护

⑥暂停施工作业及成孔的，孔口必须设置孔盖封闭，孔盖宜采用钢筋网片焊制。

⑦爆破作业时，孔口应加防护盖，放置堆沙袋，以防止石渣飞出。

挖孔桩防护全景如图 4-9 所示，孔口覆盖防护如图 4-10 所示。

图 4-9 挖孔桩防护全景

图 4-10 孔口覆盖防护

4.1.2 墩柱、盖梁

（1）《公路工程施工安全技术规范》（JTG F 90—2015）中的规定

①脚手架及作业平台应搭设牢固，不得与模板及其支撑体系联结。（8.9.2

第 1 条）

②墩身高度超过40 m宜设施工电梯。（8.9.2第2条）

③墩身钢筋绑扎高度超过6 m应采取临时固定措施。（8.9.2第3条）

（2）对应《交通运输企业安全生产标准化建设评价管理办法》指标

①第6部分第1点第2条：按有关规定配足有效的安全防护、环境保护、消防、救生设备及器材。

②第6部分第1点第4条：按规定设置设施设备安全警告标志、指示牌。

③第9部分第5点第1条：在存在危险因素的场所和设备设施，设置明显的安全警示标志，警示、告知危险种类、后果及应急措施。

（3）示例

①根据施工实际和桥墩高度，选用人员上下登高设施，一般采用钢斜梯（带扶手）（如图4-11所示）、装配式转梯（如图4-12所示）或施工升降机。

图4-11　钢斜梯（带扶手）

图 4-12　装配式转梯

②作业平台（如图 4-13 所示）应满铺脚手板并做有效固定。作业平台临边及墩顶应设置安全防护栏杆，内侧悬挂密目式安全网。作业平台的临边防护如图 4-14 所示。

图 4-13　作业平台

图 4-14 作业平台的临边防护

③搭设脚手架时，应设置专用上下梯道，梯道可采用阶梯式或平铺式，采用平铺式的梯道应设置防滑木条。脚手架梯道如图 4-15 所示，高墩脚手架如图 4-16 所示。

图 4-15 脚手架梯道

图 4-16　高墩脚手架

　　④超过 6 m 的钢筋骨架或立柱模板在安装完成且未浇筑前,必须设置缆风绳固定。

　　⑤需张拉的盖梁端头,应设置张拉作业平台(如图 4-17 所示)。

图 4-17　张拉作业挂篮

4.1.3　梁板预制

（1）《公路工程施工安全技术规范》（JTG F 90—2015）中的规定

①张拉作业现场应设警戒区。（8.2.2 第 1 条）

②高处张拉作业应搭设作业平台、张拉千斤顶吊架。（8.2.5 第 1 条）

③梁端应设围护和挡板。（8.2.5 第 2 条）

④张拉作业时千斤顶后方不得站人。（8.2.5 第 3 条）

⑤管道压浆作业人员应佩戴护目镜。（8.2.5 第 4 条）

（2）对应《交通运输企业安全生产标准化建设评价管理办法》指标

①第 6 部分第 1 点第 2 条：按有关规定配足有效的安全防护、环境保护、消防、救生设备及器材。

②第 6 部分第 1 点第 4 条：按规定设置设施设备安全警告标志、指示牌。

③第 9 部分第 5 点第 1 条：在存在危险因素的场所和设备设施，设置明显的安全警示标志，警示、告知危险种类、后果及应急措施。

（3）示例

①预制厂实行封闭式施工，场地四周与外界设置格栅结构围墙（如图 4-18 所示），施工区、办公区和生活区设置栏杆或锥形路标隔离。彩钢瓦结构围墙、反光路锥隔离和栏杆隔离如图 4-19—图 4-21 所示。

图 4-18　格栅结构围墙

图 4-19　彩钢瓦结构围墙

图 4-20　反光路锥隔离

图 4-21　栏杆隔离

②龙门架轨道两端设置行程开关、缓冲块（如图 4-22 所示）及限位装

置（门吊限位如图4-23所示）。

图4-22　行程开关、缓冲块

图4-23　门吊限位

③预应力张拉作业应设置操作平台，张拉两端应设置张拉挡板。一体化张拉挡板如图4-24所示，张拉作业专用挡板如图4-25所示。

图 4-24　一体化张拉挡板

图 4-25　张拉作业专用挡板

④作业人员上下预制梁板应设置爬梯,预制梁厂检查梯如图 4-26 所示。

图 4-26　预制梁厂检查梯

⑤氧气瓶、乙炔瓶运输使用专用运载车，应设置专用存放区分开存放。气瓶运输如图 4-27 所示，气瓶存放如图 4-28 所示。

图 4-27 气瓶运输

图 4-28 气瓶存放

⑥户外用电设备应设置防护棚，机械转动部位应设置防护罩。圆盘锯防护罩、户外设备手推车如图 4-29、图 4-30 所示。

图 4-29　圆盘锯防护罩

图 4-30　户外设备手推车

⑦钢绞线下料时配置专门防护架，防止下料过程中钢绞线紊乱弹出伤人。钢绞线防护架如图 4-31 所示。

⑧梁板存放时应支垫牢固，不得偏斜，防止梁体倾覆。存放双层梁板时，上下层梁的支垫位置应在同一垂直面上。存放 T 梁时，梁体两侧应设置斜撑，斜撑应采用方木支撑或钢支撑架，斜撑应设于翼板根部。T 梁钢支撑架如图 4-32 所示。

图 4-31　钢绞线防护架

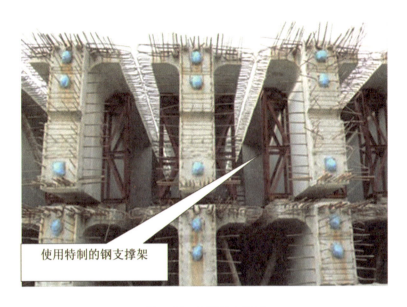

使用特制的钢支撑架

图 4-32　T 梁钢支撑架

4.1.4　桥面系

（1）《公路工程施工安全技术规范》（JTG F 90—2015）中的规定

①桥面系施工前，上下行桥之间空隙处应满布安全网。（8.16.1）

②反开槽安装的伸缩装置槽口应临时铺设钢板或砂袋，并应在开槽处设置警示标志。（8.16.2）

③桥面清扫垃圾、冲洗弃渣等应集中收集后运往指定地点，不得直接抛往桥下。（8.16.3）

（2）对应《交通运输企业安全生产标准化建设评价管理办法》指标

①第 6 部分第 1 点第 2 条：按有关规定配足有效的安全防护、环境保护、消防、救生设备及器材。

②第 6 部分第 1 点第 4 条：按规定设置设施设备安全警告标志、指示牌。

③第 9 部分第 5 点第 1 条：在存在危险因素的场所和设备设施，设置明显的安全警示标志，警示、告知危险种类、后果及应急措施。

（3）示例

①桥面施工区域与外界应采取隔离措施，可采用隔离栅栏或围栏。桥面进口处封闭现场如图 4-33 所示。

图 4-33　桥面进口处封闭现场

②根据施工实际与桥面高度选用施工人员上下登高设施，一般为装配式立梯（如图 4-34 所示）或钢斜梯（如图 4-35 所示）。

图 4-34　装配式立梯　　　　　图 4-35　钢斜梯

③桥面铺设前，两侧应设置防护栏杆。装配式防护栏杆如图 4-36 所示，定型化防护栏杆如图 4-37 所示。

图 4-36　装配式防护栏杆

图 4-37　定型化防护栏杆

④跨越桥面梁板中分带临空处，应设置专用人行通道，如图 4-38 所示。

图 4-38　中分带临空处人行通道

⑤端（中）横梁施工时，临边应设置防护栏杆。中横梁防护设施如图 4-39 所示。

图 4-39　中横梁防护设施

⑥梁板间隙(湿接缝)位置处应满铺脚手板,脚手板可采用毛竹片或木板。湿接缝覆盖示例如图 4-40 所示。

图 4-40　湿接缝覆盖示例

⑦桥面各类洞口与坑槽处应设置防护栏杆或盖板,夜间应有红灯警示。预留孔洞覆盖如图 4-41 所示。

图 4-41　预留孔洞覆盖

⑧跨道施工的桥面，在中分带上方设置临空防护设施，确需人员、车辆通过的，应在桥下设防落天棚。中分带临空防护栏如图 4-42 所示，桥下防落天棚如图 4-43 所示。

图 4-42　中分带临空防护栏

图 4-43　桥下防落天棚

　　⑨横跨桥面沿地敷设的电缆线应设置防护设施，避免碾压。电缆线防护盖如图 4-44 所示。

图 4-44　电缆线防护盖

　　⑩盖梁预应力张拉封端施工、防撞护栏表面修饰施工、防撞护栏立模拆

模施工，应设置安全可靠的挂篮。盖梁端头张拉挂篮、防撞护栏修饰挂篮和立模拆模挂篮如图 4-45—图 4-47 所示。

图 4-45 盖梁端头张拉挂篮

图 4-46 防撞护栏修饰挂篮

图 4-47 立模拆模挂篮

4.2　代表性桥梁工程安全防护与示例

4.2.1　挂篮悬浇

（1）《公路工程施工安全技术规范》（JTG F 90—2015）中的规定

①挂篮制作加工完成后应进行试拼装。（8.11.4 第 1 条）

②挂篮行走滑道铺设应平顺，锚固应稳定。（8.11.4 第 2 条）

③墩两侧挂篮应对称平稳移动，就位后应立即锁定。（8.11.4 第 3 条）

④雨雪天或风力超过挂篮设计移动风力时，不得移动挂篮。（8.11.4 第 4 条）

（2）对应《交通运输企业安全生产标准化建设评价管理办法》指标

①第 6 部分第 1 点第 2 条：按有关规定配足有效的安全防护、环境保护、消防、救生设备及器材。

②第 6 部分第 1 点第 4 条：按规定设置设施设备安全警告标志、指示牌。

③第 9 部分第 5 点第 1 条：在存在危险因素的场所和设备设施，设置明显的安全警示标志，警示、告知危险种类、后果及应急措施。

（3）示例

①根据施工实际和悬浇梁高度，选用施工人员上下登高设施。

②桥面临边应设置防护栏杆，栏杆应随悬浇段同步延伸设置，内侧挂密目式安全网，外侧挂防落物网。悬浇桥面临边防护如图 4-48 所示。

图 4-48　悬浇桥面临边防护

③零号块施工，并以斜拉托架或钢管支撑架做施工平台时，应在平台边缘处设置安全防护栏杆，挂设密目式安全网，两侧墩身平台之间应设置人行通道。

④挂篮在拼装及悬臂组装作业时，应设置安全网，满铺脚手板，设置临时护栏。挂篮就位固定后，挂篮前端部及主桁架纵梁两侧应设置临边防护栏，并挂设密目式安全网。悬浇桥面合拢段防护设施如图 4-49 所示，悬浇梁防护设施如图 4-50 所示。

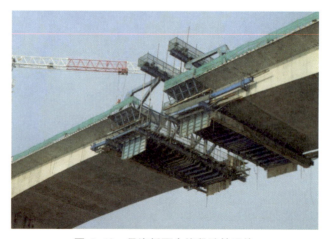

图 4-49　悬浇桥面合拢段防护设施

图 4-50 悬浇梁防护设施

⑤拆除临时支座时，应设置环墩工作平台及安全爬梯。

⑥跨通行道路的，必须设置防落天棚。

⑦跨通航河道的，施工挂篮底部四周应设置挡板，并用防坠网进行维护。

4.2.2 支架现浇

（1）《公路工程施工安全技术规范》（JTG F 90—2015）中的规定

①高处作业上下通道应根据现场情况选用钢斜梯、钢直梯、人行塔梯，各类梯子安装应牢固可靠。（5.7.10）

②支架基础的场地应设排水措施，遇洪水或大雨浸泡后，应重新检验支架基础、验算支架受力。（5.2.5 第 2 条）

③使用前应预压。预压荷载应为支架需承受全部荷载的 1.05—1.10 倍。（5.2.5 第 5 条）

④承重模板、支架，应在混凝土强度达到设计要求后拆除。（5.2.14 第 5 条）

（2）对应《交通运输企业安全生产标准化建设评价管理办法》指标

①第6部分第1点第2条：按有关规定配足有效的安全防护、环境保护、消防、救生设备及器材。

②第6部分第1点第4条：按规定设置设施设备安全警告标志、指示牌。

③第9部分第5点第1条：在存在危险因素的场所和设备设施，设置明显的安全警示标志，警示、告知危险种类、后果及应急措施。

（3）示例

①根据施工实际和现浇梁高度，选用施工人员上下登高设施。

②脚手架搭设应执行现行安全标准和技术规范的规定。搭设前应进行受力检测。脚手架的地基应坚实，满足承载力的要求，四周排水应通畅。盘扣式脚手架细部结构、钢筋脚手架搭建、现浇箱梁脚手架如图4-51—图4-53所示。

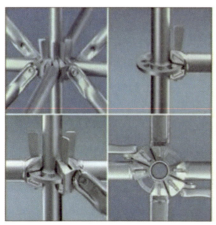

图4-51　盘扣式脚手架细部结构

图 4-52　钢筋脚手架搭建

图 4-53　现浇箱梁脚手架

③现浇桥面临边应设置防护栏。防护栏栏杆应随现浇段同步延伸设置，内侧挂密目式安全网，外侧挂防落物网。

④现浇箱梁顶板预留洞口应设置防护盖板，当预留洞口作为专用通道口

时，应设置上下爬梯，孔口应设置防护栏杆。

桥面孔洞警示防护、现浇桥面临边防护如图 4-54、图 4-55 所示。

图 4-54　桥面孔洞警示防护

图 4-55　现浇桥面临边防护

⑤跨道路施工，要在支架中设置行车通道的，行车道两旁的支架要设置防撞设施，并在两头设置限高限宽门架。跨道路施工防护设施、限高限宽门

架如图4-56、图4-57所示。

图 4-56　跨道路施工防护设施

图 4-57　限高限宽门架

4.2.3　移动模架

（1）《公路工程施工安全技术规范》（JTG F 90—2015）中的规定

①模架应按产品的操作手册拼装，并由移动模架设计制造厂家派专人现

场指导安装与调试。（8.11.2 第 1 条）

②首孔梁浇筑位置就位后应按设计要求进行预压。（8.11.2 第 2 条）

③混凝土的浇筑过程中，应随时检查模架的关键受力部位和支撑系统，有异常时应采取有效措施及时处理；移动过孔时，应监控模架的运行状态。（8.11.2 第 3 条）

④每完成一孔梁的施工，均应对模架的关键部位及支撑系统进行检查，发现问题应及时处理。（8.11.2 第 4 条）

⑤模架横向移动和纵向移动过孔时，应解除作用于模架上的全部约束。纵向移动时两侧的承重钢梁应保持同步。模架在移动过孔时的抗倾覆系数不得小于 1.5。（8.11.2 第 5 条）

（2）对应《交通运输企业安全生产标准化建设评价管理办法》指标

①第 6 部分第 1 点第 2 条：按有关规定配足有效的安全防护、环境保护、消防、救生设备及器材。

②第 6 部分第 1 点第 4 条：按规定设置设施设备安全警告标志、指示牌。

③第 9 部分第 5 点第 1 条：在存在危险因素的场所和设备设施，设置明显的安全警示标志，警示、告知危险种类、后果及应急措施。

（3）示例

①模架在低墩身区可采用落地式拼装，在高墩身区可采用布设临时支点进行拼装。按常规施工方法，另一副移动模架需在本副移动模架施工 3 跨后方可开始拼装作业。

②模架预压按超载 10 %—20 % 来控制，模架预抛值的设置应充分考虑等同箱梁荷载的模架预压沉降值、模架非弹性值、箱梁张拉起拱值、箱梁悬臂端等因素。移动模架安装如图 4-58 所示，移动模架预压如图 4-59 所示。

图 4-58 移动模架安装

图 4-59 移动模架预压

③芯模（如图 4-60 所示）腹板、顶板支撑应牢固，防止浇筑混凝土时模板变形。内模板支撑如图 4-61 所示。

图 4-60　芯模

图 4-61　内模板支撑

④混凝土配合比应符合要求，采用分层浇筑方法，控制好振捣时间，防止漏振或过振；及时进行二次抹面，防止裂缝产生。

⑤模架过孔（如图 4-62 所示）前，应松除内外模板间的连接件（底模横向对拉精轧螺纹钢），降下前、后墩主千斤顶，直到模架底模和底板与混凝土脱离合理尺寸，两侧的承重钢梁向前移动时应保持同步。混凝土浇筑如图 4-63 所示。

图 4-62 模架过孔

图 4-63 混凝土浇筑

4.2.4　桥梁工程四新技术示例

（1）智能张拉系统

智能张拉是指不依靠工人手动控制，利用计算机智能控制技术，通过仪器自动操作，完成钢绞线的张拉施工。传统的张拉施工纯靠施工人员凭经验手动操作，误差率很高，无法保证预应力施工质量。智能张拉技术由于智能系统的高精度和稳定性，能完全排除人为因素干扰，有效确保预应力张拉施工质量，是目前国内预应力张拉领域最先进的工艺。

张拉设备采用预应力智能张拉系统，通过计算机软件控制实现预应力张拉全过程自动化，杜绝人为因素干扰，能有效确保预应力张拉施工质量。预应力数控张拉现场如图4-64所示。

图4-64　预应力数控张拉现场

（2）无人机监控

无人机的使用，提供了一种高空俯视查勘方式，弥补了人工地面视角不足的缺陷。尤其是在降雨天气频繁、山多易滑坡的地区，可进一步加强对边坡防护和排水设施、边坡坍塌、山体滑坡等危险地段的巡查。

无人机为固定翼轻型无人机，翼展 1980 mm，机长 1680 mm；起飞重量 2.8—3.5 kg，有效载荷 0.8—1.2 kg；巡航速度 60—80 km/h，续航时间 30—90 min（根据动力电池选择）；配备 2.4 GHz 手动遥控系统和 UHF（Ultra High Frequency）波段跳频远程数传电台，支持 Windows/Linux/ 手机平台下的飞行实时监控规划系统；任务半径为 5 km 以上。无人机准备起飞场景如图 4-65 所示，无人机航拍效果如图 4-66 所示。

图 4-65　无人机准备起飞场景

图 4-66　无人机航拍效果

（3）真空压浆系统

真空压浆系统的基本原理：在压浆之前，启动真空泵 10 min 试抽真空，检查水泥砂浆封锚头或密封罩是否完全密封，真空度应达到 –0.08 MPa 左右。当孔道内的真空度保持稳定时，停泵 1 min，若压力降低小于 –0.02 MPa 即可认为孔道能基本达到并维持真空。当真空度达到并维持在 –0.08—–0.06 MPa 值时，启动压浆泵。压浆泵的高压橡胶管出口打出浆体，待这些浆体浓度与储浆桶中的浓度一样时，关掉压浆泵，关闭高压橡胶管压浆阀门，将高压橡胶管的压浆管接到孔道的压浆管上，打开这两个压浆管的阀门开始压浆。孔道加压到 0.7 MPa，仍继续压浆 2—3 min，使管道内有一定的压力，完成排气泌水，使管道内浆体密实饱满，完成压浆，最后关掉压浆阀。由于孔道内只有极少的空气，很难形成气泡；同时，由于孔道与压浆机之间的正负压力差，大大提高了孔道压浆的饱满度和密实度。

（4）泡沫混凝土

泡沫混凝土通常是指用机械方法将泡沫剂水溶液制备成泡沫，再将泡沫加入由水泥、水及各种外加剂等组成的料浆中，经混合搅拌、浇注成型、养护而成的一种多孔材料，能有效地减轻填土荷重，缩短施工工期，降低工程造价，节约土地资源。到目前为止，该技术已经广泛应用于公路和市政道路的道路加宽、桥台台背回填、地下结构减荷、软基路段填筑、隧道空洞回填及房建保温隔热等方面。由于泡沫混凝土中含有大量封闭的孔隙，使其具有下列良好的物理力学性能。

①轻质性。泡沫混凝土含有大量气泡，其轻质性体现在较一般的土建材料要轻，又不像土工泡沫塑料那样几乎没有重量。

②容重和强度可调节性。通过改变原料土、水泥的种类与含量，并调整气泡的含有率，泡沫混凝土的容重可在 4—10 kN/m³、强度可在 0.3—10 MPa 调节（工程上强度主要应用范围为 0.5—1.5 MPa)。

③高流动性。由于泡沫混凝土不含水泥混凝土的粗骨料，其流动性优于水泥混凝土的流动性。实际施工时可以通过软管泵送，最大水平泵送距离可达 1200 m（加中继泵），最大垂直泵送高度可达 30 m。

④固化后的直立性。由于采用的水泥为固化剂，故在水泥初凝后可固化自立，固化后对挡土结构物几乎没有侧压力。

⑤良好的施工性。泡沫混凝土的施工与水泥混凝土类似，即通过现场浇筑完成。由于泡沫混凝土的流动性高，可通过软管泵送，这决定了现场施工浇筑点与泡沫混凝土的制作点可分离，且浇筑点占地施工空间极小，可在狭小空间内施工。当作为路基填筑的代替材料时，气泡和轻质土浇筑施工无须倒捣碾压，施工便捷高效。

⑥良好的耐久性。泡沫混凝土属水泥类材料，具有水泥混凝土同等的耐久性。

⑦良好的隔热、隔音及抗冻融能力。含有大量的气泡（气泡体积含有率

40 %—70 %），具有良好的隔热、隔音及抗冻融性能。

⑧优越的环保特性。与土工泡沫塑料相比，泡沫混凝土属无机质材料，无论是用于地上工程还是用于地下工程，其对环境均无污染作用，环保优势明显。当用于道路扩建、山区陡峭路段等道路工程中时，可节省土地资源，避免高填高挖等对环境的破坏，对保护自然生态环境意义重大。

5　隧道工程标准化

本章以隧道工程全过程开挖、支护、砌衬、喷筑等严格监控为切入点，由隧道洞口布设、临时用电等 5 个方面组成。建筑隧道施工质量控制（从质量活动前直至质量活动结束对工程质量的全部监控）是一个不可控的过程，质量活动过程中监控能力越强、越严格，实现工程质量预期目标的可能性越大。

5.1　隧道洞口布设

隧道工程在开洞口及进洞施工 100 m 爆破对周边环境的危害较大。因此在施工时，首先要进行爆破设计并按规定进行审核审批。爆破设计应合理确定爆破的各项参数，保证爆破安全。

隧道明挖部分飞石一般安全距离为 200 m，高压线在安全距离以外。在爆破过程中采用适当的覆盖防护，确保飞石不影响高压线。特殊的施工地若离周边民居较近时，应采取多重爆破防护措施，如炮被覆盖、防护棚架、隔音屏等措施，将爆破危害降至最低。

示例：屏岩山隧道距离最近的民居仅 63 m 左右，采用的爆破防护如图 5-1 所示，爆破防护棚架和隔音屏如图 5-2 所示。

图 5-1　爆破防护

图 5-2　爆破防护棚架和隔音屏

（注：正向图的为防护棚架，背向图的白色防护物为隔音屏。）

　　隧道工程进入洞内施工后，爆破作业应严格按照设计位置进行警戒，保证警戒范围内人员、设备的撤离，防止无关人员进入警戒区。警戒人员戴红袖章，岗哨执红旗，设警示牌、路障等。

隧道工程进行爆破时，独头巷道的安全距离不小于 200 m；相邻的上下坑道内的安全距离不小于 100 m；相邻的平行坑道、横通道及横洞间的安全距离不小于 50 m；全断面开挖进行深孔爆破（孔深 3—5 m）时，安全距离不小于 500 m。

5.2 临时用电

隧道内环境潮湿，因此台车台架的施工照明和临时移动照明应使用不大于 36 V 的安全照明电压和电器。目前，常用的隧道内安全电压照明方式主要有 36 V 的低压 LED 灯、自带变压器的卤钨灯等。其中自带变压器的卤钨灯亮度高，适宜作为移动照明使用。隧道安全用电如图 5–3—图 5–7 所示。

图 5-3   隧道内高、低压及照明线路分开布设

图 5-4　卤钨灯与低压 LED 灯组合

图 5-5　二维码智慧用电

图5-6 智能防触电系统1

图5-7 智能防触电系统2

5.3 临边防护

台车台架作为隧道工程高处作业的常用设施，是安全事故最为频发的环节。常见的安全事故有高空坠落、物体打击、触电、火灾、机械伤害等。常见的作业工具有钻孔台车、初支（喷射混凝土）台架、二衬台车。做好台车台架的安全防护对隧道内保护高处作业的人员有着极为重要的意义，通常有以下一些方法。

（1）设置防护围栏

浙江省内大部分隧道施工队伍的作业人员在台车上作业时，经常因防护栏杆影响物料、设备（如二衬钢筋、钻孔机具等）的上下搬运而不设置防护围栏或工人自行割除围栏而造成高处坠落等事故。活动式围栏如图 5-8 所示。

图 5-8　活动式围栏

（2）设置防坠安全网

防坠安全网能够防止人员高处坠落，并能防止大的物件掉落，对台车下的车辆、人员进行二次保护。反光贴防止来往的车辆和机械碰撞台车而造成伤害。台车的底部及侧部应铺满模板或竹条板，防止人员坠落或物体掉落。防水板台车的高空防护如图 5-9 所示。

图 5-9　防水板台车的高空防护

二衬台车的警示标志和标牌如图 5-10—图 5-12 所示。

图 5-10　二衬台车的警示标志和标牌（一）

图 5-11　二衬台车及警示标志和标牌（二）

图 5-12　二衬台车及警示标志和标牌（三）

5.4　九台套

九台套，即运用在隧道施工中的九种先进工艺工装设备，具体为多臂凿岩机、湿喷机械手、多功能立拱台车、自行式移动栈桥、二衬厚度预检台车、多功能防水作业台车、新型二衬台车、二衬养护台车和电缆沟槽台车。本书在防护措施方面做了进一步提升。

①爆破孔施工。凿岩台车（如图5-13所示）就位后，操作人员操作遥控器，设备根据掌子面布孔情况进行钻孔。操作人员实时近距离观察钻孔情况，调整推进梁姿态，有效控制超欠挖。

图 5-13　凿岩台车

②拱架安装施工。车载式拱架安装车（如图 5-14 所示）就位后，操作人员将拱架单元放置地面分段拼接。

图 5-14　车载式拱架安装车

③锚杆支护。数字锚杆台车（如图 5-15 所示）就位，操作人员操作遥控器控制臂架，进行单环锚杆孔作业。

图 5-15　数字锚杆台车

④混凝土喷浆施工。混凝土喷浆车（如图 5-16 所示）就位，操作人员通过遥控器控制机械手作业，将预拌好的混凝土喷射至设计厚度。

图 5-16　混凝土喷浆车

⑤仰拱施工。自行式液压栈桥（如图 5-17 所示）就位后，液压栈桥上方通行工程车辆，下方依次进行仰拱钢筋安装、全幅模板安装、仰拱混凝土浇筑、仰拱填充等工序。

图 5-17　自行式液压栈桥

⑥防水板铺设及钢筋安装。多功能防水作业台车（如图 5-18 所示）就位，操作人员将成卷防水板安装于伸缩臂连接杆，通过遥控器控制伸缩臂，带动防水板沿隧道轮廓周向旋转。防水板边铺设边焊接，保证防水板铺设质量。

图 5-18　多功能防水作业台车

⑦衬砌施工。自动浇筑衬砌台车（如图 5-19 所示）就位后，通过混凝土罐车及拖泵供料，混凝土布料系统将混凝土输送至各个浇筑窗口。施工时按照从左到右、从下往上的次序，实现侧模分层逐窗浇筑。侧模施工完成后，切换至拱顶窗口进行浇筑。分层逐窗浇筑技术彻底解决混凝土浇筑过程中的

离析和人字坡冷缝现象，提高混凝土内在浇筑质量。

图 5-19　自动浇筑衬砌台车

⑧二衬养护。二衬养护台车（如图 5-20 所示）就位后，开启养护功能，设备智能检测混凝土温度、环境温度和湿度后，自动调节养护水温，按设定时间及频次自动进行养护作业。养护数据全程自动记录、传输、存储至五新 e 管家，自动生成施工日志。洞内除尘作业可使用除尘功能。

图 5-20　二衬养护台车

⑨水沟电缆槽。电缆沟槽台车（如图 5-21 所示）就位后，操作人员操作台车的液压系统，完成模板的立模，通过罐车配合溜槽完成混凝土的浇筑。

图 5-21　电缆沟槽台车

5.5　逃生设施

隧道施工单位应依据《公路水运工程施工安全标准化指南》，在软弱围岩隧道开挖掌子面至二衬之间设置逃生管道。随着开挖进尺不断前移，逃生通道距离开挖掌子面不大于 20 m，保证隧道出现险情时能够安全逃生。

台账包括《应急装备、物资清单》《应急物资使用、入库记录》。现场检查逃生通道设置及长度是否符合要求。

应急救援逃生通道如图 5-22 所示。

图 5-22　应急救援逃生通道

　　隧道内应配置如应急灯、应急疏散标志等其他引导安全逃生的安全设施。
应急灯及应急疏散标志如图 5-23 所示。

图 5-23　应急灯及应急疏散标志

6 路面及附属工程标准化

本章讲述路面及附属工程标准化，主要包括路面工程安全防护与示例、基层与底基层、沥青面层和路基路面工程四新技术示例。路面及附属工程施工应着重加强人员管理，满足《公路工程建设标准管理办法》等标准及法律法规。

6.1 路面工程安全防护与示例

6.1.1 道口安全标准化

（1）值班岗亭（房）

①可选用正规厂家生产的符合国家相关标准的岗亭、拼装式活动板房。

②拼装式活动板房应选用阻燃材料，所用材料必须符合国家相关标准并附有合格证书。

③值班岗亭（房）外侧应设置夜间警示标志。

④值班岗亭（房）应设置车辆登记表、值班记录表，以及对讲机、干粉灭火器、水基型灭火器、医疗箱及简单的应急药品等物资。

⑤值班岗亭（房）应装有扩音喇叭等具有警报功能的设施。

（2）出入口道路

①出入口道路两侧应设置排水系统，以满足排水泄洪需求。

②定期对出入口道路进行养护，及时填补路面坑槽，保证道路平顺。

（3）标志标牌

①道口应设置限高、限速等安全标志，并经常检查安全标志的使用状态，确保标志清洁醒目、完整无损。

②道口处应设置安全宣讲小广播或 LED 屏，提醒进入施工现场的人员按要求佩戴安全防护用品，设置网格化责任牌（岗亭）、不安全行为整治牌。

（4）其他要求

①相关标段路基全部交验完成后，由路面标段编制交通管制方案，并报监理工程师审核同意后实施。水稳施工阶段与路基标段共用便道，交通路口、标牌及安全措施由路基标段负责，沥青作业阶段转交给路面标段负责。

②制定施工现场人员进出管理制度、施工现场车辆管理办法及门卫岗位制度，并将相关制度上墙公示。

③对出入施工现场的车辆及人员采用台账登记管理（已录入数据库的车辆除外），确保登记台账的可追溯性。门卫须核查进入人员的身份信息，严禁无关人员进入施工现场。

④根据场地条件合理设置废水沉淀池和洗车池，布设排水系统。

⑤夜间工作时，值班岗亭处应有足够的照明设施。

⑥道口实行 24 小时值班制。道口管理人员须配备安全帽、反光背心、保安服、反光警示棒、口哨、袖标等。

⑦门禁系统应具备车辆自动识别功能。

⑧路面通行车辆应当统一办理车辆通行证，禁止无关车辆进出。在全线贯通前，由施工单位核发车辆通行证。全线贯通后，原通行证作废，由施工单位上报车辆有关信息，指挥部统一核发通行证。项目部车辆通行证、施工班组车辆通行证、指挥部核发通行证（全线贯通后）如图 6-1—图 6-3 所示。

⑨路面施工应设置班前讲台，并配套视频监控系统。

图 6-1　项目部车辆通行证

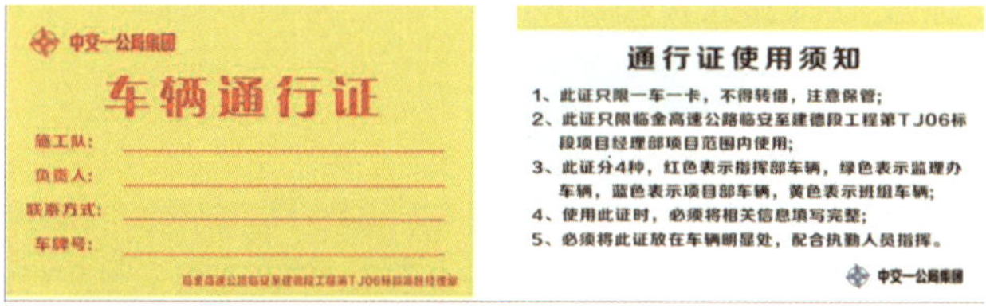

图 6-2　施工班组车辆通行证

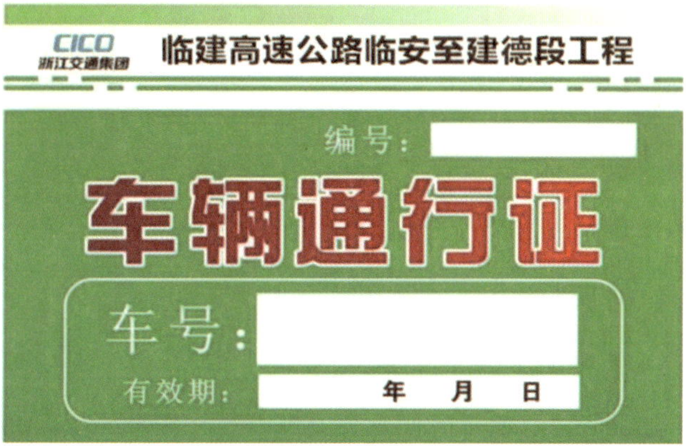

图 6-3　指挥部核发通行证（全线贯通后）

6.1.2　机械设备安全标准化

①施工单位应建立合理可行的工程运输车辆、非道路移动机械安全生产管理制度。

②施工单位应当严格执行关于工程运输车辆和非道路移动机械安全准入规定，场外运输必须由有资质的运输单位承担，在工程运输车辆进场前必须对车辆安全准入条件进行核查，严禁无牌无证、无保险、车辆检验不合格、非法改装的车辆和无证驾驶人员从事场内外运输作业。

③沥青拌和设备导热油加热炉安装应由具备安装资质的单位施工，并经地方特种机械设备验收部门检测验收。油罐、加热炉、导热油管道等高温区域应采用1.5 m高白色栅栏进行隔离。

④摊铺机加装LED显示屏、蜂鸣报警器，设置倒车雷达和影像系统，方便观察后方作业机械和人员施工状态。沥青摊铺机倒车影像系统如图6-4所示。

图6-4　沥青摊铺机倒车影像系统

⑤压路机需要设置红外线自动刹车装置（如图6-5所示）或防撞装置、限速装置，安装倒车雷达、倒车影像及蜂鸣报警器等装置。防碰撞系统如图6-6所示，倒车影像如图6-7所示。

图 6-5　红外线自动刹车装置

图 6-6　防碰撞系统

图 6-7　倒车影像

⑥胶轮压路机上应安装自动喷洒设备，实现对胶轮自动喷洒防粘轮，如图 6-8 所示。

图 6-8　胶轮压路机安装自动喷洒设备

⑦施工车辆须在车头正面张贴中标单位名称，无单位信息的施工车辆不允许进入生产、施工场地。运输车辆应当按有关规定加装卫星定位系统、倒车预警、倒车雷达、倒车影像等安全装置。GPS 和 GPS 运输车辆定位系统如图 6-9 所示。

图 6-9　GPS 和 GPS 运输车辆定位系统

⑧施工材料运输车辆应采取有效的封闭措施，防止材料沿途洒漏。运输车辆全封闭式防护罩如图 6-10 所示。

图 6-10　运输车辆全封闭式防护罩

⑨机械设备停放位置应平整，周围应当设置明显的警示标志，夜间应设警示灯，运输车辆严禁停放在主线上。未使用的机械设备及运输车辆统一停放场景如图 6-11 所示。

图 6-11　未使用的机械设备及运输车辆统一停放场景

⑩增加后场拌合站、装载机行驶区域、车辆行驶区，非工作人员及车辆禁止通行。

⑪机械设备张贴安全操作规程，尺寸可按照机械设备尺寸统一定制，并设置在醒目位置。安全操作规程（参考尺寸：50 cm×80 cm）如图 6-12 所示。

图 6-12　安全操作规程

⑫对进场设备进行验收检查，保证设备安全性能及技术指标在进场前完整有效。对符合要求的机械设备粘贴设备标识牌，表明已通过项目部验收合格可以进行现场作业。设备标识牌（参考尺寸：20 cm×20 cm）如图 6-13 所示。

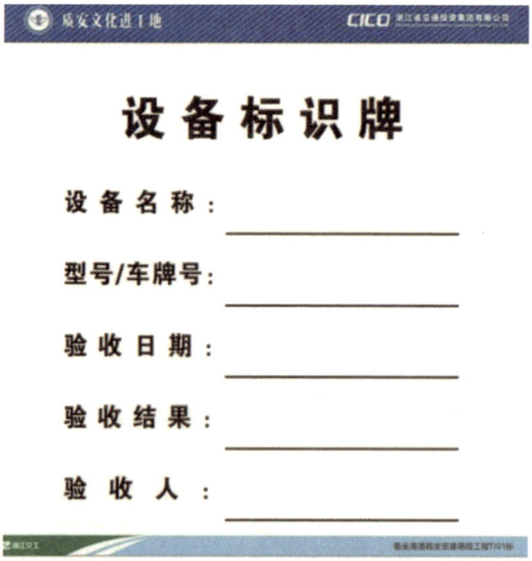

图 6-13　设备标识牌

⑬机械设备车身应张贴反光警示条，增强机械设备夜间可视度，提高夜间施工作业的安全性。

⑭摊铺机前应设专人指挥卸料车辆，严禁料车倒车时撞击摊铺机，距离摊铺机 30 cm 时应停止倒车，如图 6-14 所示，转由摊铺机向料车缓慢靠拢衔接。

图 6-14　距离摊铺机 30 cm 时停止倒车现场

6.1.3　路面交通安全管理标准化

（1）渠化管理

车辆通行路面应当进行渠化管理，规划车辆通行，部分车道封闭时应设置明显的警示标志和导行标志，设置导向牌及道路封闭禁止通行牌。路面渠化导行标志如图 6-15 所示。

图 6-15　路面渠化导行标志

（2）控制车速

应在隧道进口、桥头进口等部位设置移动式测速仪，易超速路段应设置固定式测速仪，有效控制车辆行驶速度。隧道口设置移动测速仪如图 6-16 所示，路面设置测速仪如图 6-17 所示。

图 6-16　隧道口设置移动测速仪

图 6-17　路面设置测速仪

（3）交安设施

车辆通行路面应间隔 500 m 设置 1 处（3 组）醒目的减速交通组织设施，降低车辆通行速度，确保交通运输安全。隧道内车辆通行路面应间隔 50 m 设置 1 道水马。路面设置减速设施如图 6-18 所示。

图 6-18　路面设置减速设施

路面限速标识牌每 2 km 一处，其中水稳限速 50 km/h（大车 50 km/h，小车 60 km/h），沥青路面限速 60 km/h（大车 60 km/h，小车 70 km/h），隧道内车速 30 km/h（大车 30 km/h，小车 50 km/h）。

距施工区域 500 m 处设置"前方施工，减速慢行"警示牌。临时便道、坑洼路段、上下急坡等特殊路段设置相应警示牌及限速 10 km/h，提醒来往施工车辆注意安全。安全警示牌（参考尺寸：80 cm×120 cm）如图 6-19 所示。

图 6-19　安全警示牌

水稳拌合站及沥青搅拌站内设置限速 5 km/h 的警示牌（红底白字，参考尺寸：120 cm×120 cm），且装载上料作业区域，设置机械作业区域，严禁人员进入，避免意外机械伤害。

注意施工区域上方是否有输电线路通过，距桥梁底部高度是否满足自卸车车斗升起高度，并与其保持足够的安全距离。对影响自卸车升起段落应在前方 200 m 处左右两幅分别设置相应限高标志。（参考尺寸 D：800 mm）

6.1.4　场站标准化

（1）配电箱

配电箱（一、二级配电箱）周围防护采用高度 1.2 m 的红白色栅栏围挡。场地内固定配电箱采用混凝土浇筑底座，高度 40 cm，宽度及长度大于配电箱 5 cm。二级固定配电箱雨棚尺寸不小于配电箱宽度及长度 15 cm。场地内如需要移动配电箱须采用专用配电箱小推车。

（2）警示标志

水稳站出料口设置警示反光贴，并设置限高、限宽广告牌。输送带全封闭，并设置警示灯。若水稳站采用全封闭式管理则不需要设置警示灯。

（3）围护设施

例如五级沉淀池、蓄水池采用高度为 1.2 m 的蓝白相间的格栅围栏，并设置"沉淀池危险、蓄水池危险，请勿翻越"等警示标语。五级沉淀池防护围栏、蓄水池防护围栏、配电箱标准防护、过磅区防护隔离等如图 6-20—图 6-27 所示。

图 6-20　五级沉淀池防护围栏

图 6-21　蓄水池防护围栏

图 6-22　配电箱标准防护

图 6-23　过磅区防护隔离

图 6-24　设有砼固定台座及防雨棚的二级配电箱

图 6-25　配电箱专用移动小推车、电线杆防护规范

图 6-26　水稳站出料口上下通道防护

图 6-27　输送带全封闭并设置警示灯

（4）LNG（Liquefied Natural Gas）气化站管理

LNG 气化站建设选址必须符合 NG 储罐安全间距（见表 6-1）有关规定（根据城镇燃气规范）。

表 6-1　NG 储罐安全间距

单位：m

站外建（构）筑物		站内 LNG 设备		
		地上 LNG 储罐	放散管管口	LNG 卸车点
重要公共建筑物		80	50	50
明火地点或散发火花地点		30	30	30
民用建筑保护物类别	一类保护物	40	30	30
	二类保护物	16	16	16
	三类保护物	14	14	14
甲、乙类生产厂房、库房和甲、乙类液体储罐		25	25	25
丙、丁、戊类物品生产厂房、库房和丙类液体储罐，以及单罐容积不大于 50 m³ 的埋地甲、乙类液体储罐		20	20	20
室外变配电站		30	30	30
铁路		50	50	50
城市道路	快速路、主干路	10	10	10
	次干路、支路	8	6	6
架空通信线		0.75 倍杆高		
架空电力线（中心线）		1.5 倍杆高		

天然气区域采用封闭式管理，LNG气化站区域门禁如图6-28所示。（围挡高度为1.8 m，并在围挡上公示LNG气化站安全管理制度和安全操作规程。）

图6-28　LNG气化站区域门禁

天然气封闭区内围墙上须设置危险化学品安全周知卡（如图6-29所示）。

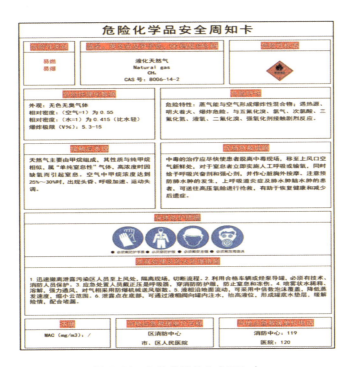

图6-29　危险化学品安全周知卡

（5）槽罐车卸料作业

①所有装卸人员必须按照规定穿戴防静电工作服，佩戴防冻手套、防护面具等劳动用品，进站后先触碰人体静电释放器，然后方可进行作业。防护用品如图6-30所示。

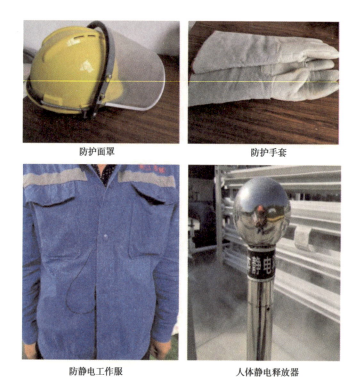

防护面罩　　　　　　　　　　防护手套

防静电工作服　　　　　　　　人体静电释放器

图6-30　防护用品

②进行装车作业前，检查槽罐车各密封部位及附件有无泄漏。询问司机及槽罐车押运人员，确认槽罐车内部清洁，无与待装物料禁忌的物料。

③槽罐车在卸车台停稳后，熄灭发动机，拉紧手刹。

④把槽罐车的静电接地线与装卸台的地线接牢。槽罐车静电接地如图6-31所示。

图 6-31　槽罐车静电接地

⑤把装卸台的液相管与槽罐车的液相管接通（管—管相连），打开槽罐车的排气阀。接管时应先检查快速接头是否老化或损坏，装卸软管有无受损。采用鹤管直接通过槽罐车顶部进料口灌装时，注意将鹤管按照规定插入槽罐车规定深度。

⑥场站内设置固定测速仪有效控制场站内车速，并在转弯处设置凸透镜。

⑦场站进口实行封闭式管理，设置智能门禁系统，对内部车辆设置车牌自动识别进入，且实时显示车辆在场站内的位置。对外来车辆实行登记放行制度。人员出入设置刷卡闸机通道，记录出入时间。

⑧场区设置标准化区块，划分上料区、材料存放区、拌合区、试验区、过磅区等，用醒目标线清晰分区，部分重要位置采用隔离墩等措施。（采用冷漆工艺加地面文字将区块划分）

⑨场站内应实现人车分离，采用反光弹力柱加链条将人车分离。

6.1.5　施工现场标准化

6.1.5.1　人员

（1）施工现场安全行为十五不准

①不准未经"三级"教育上岗；

②不准未戴安全帽进场；

③不准未系安全带登高；

④不准攀爬脚手架上下；

⑤不准高处抛掷物体；

⑥不准吊篮内乘人；

⑦不准斗车内运人；

⑧不准超员载人；

⑨不准无证作业；

⑩不准电工带电作业；

⑪不准酒后作业；

⑫不准在作业场所吸烟；

⑬不准倚坐手扶栏杆；

⑭不准随意进入吊装区；

⑮不准同一垂直面上作业。

（2）着装要求

施工现场人员着装应规范，进入施工现场的网格员须穿不同颜色的反光背心。背心按照网格职责分为红、荧光绿、蓝三种颜色，其中红色代表安全员，荧光绿色代表技术员，蓝色代表协作单位班组长。所有人员进入施工现场应佩戴安全帽、穿防护服，施工人员穿橙色反光背心。反光背心如图6-32所示。

图6-32　反光背心

（3）应急要求

施工现场派专人携带应急药品箱，并在临时休息区存放防暑药品。（应急箱包括双氧水、酒精、碘酊、消毒棉、纱布、创可贴、绷带、红花油、云南白药喷雾、烫伤膏等）

6.1.5.2 施工区域防护

（1）室外

①整平和摊铺作业应临时封闭交通，设明显警示标志，路锥间距 7.5 m。

②道路采用移动式栅栏进行封闭，并设置导向标识牌、道路封闭禁止通行牌。封路栅栏采用移动式伸缩栅栏，颜色为黄黑相间。

③路面前场施工作业区域进行封闭管理，在进出口设置禁行标志、导向标志、分流标志。设专人指挥料车进出，严禁与施工无关的人员进入施工作业区域，沿途设置警示锥帽隔离施工区域与通行区域。

④施工现场设置移动式休息区，严禁作业人员在机械设备下逗留或休息。根据现场施工人员数量选择适当的遮阳棚保证工人有足够的休息区，并用路锥将行车道和休息区区分开。

⑤项目部安监部配备一台安全巡逻专业车和专门人员，每天负责对全线施工区域进行巡查，维护交通安全设施，确保路面的交通管制落实到位，警示、指示标志清晰明显，交通线路安全畅通。

⑥施工现场配置移动式垃圾桶，并将现场施工垃圾进行分类，保证施工现场卫生环境。

路面摊铺作业区隔离如图 6-33、图 6-34 所示。

图 6-33　路面摊铺作业区隔离（一）

图 6-34　路面摊铺作业区隔离（二）

（2）隧道

①长隧道内沥青摊铺时，在摊铺周围设置 2 台移动式大功率排风扇，摊铺机前 1 台，从前往后吹；压路机后 1 台，从前往后吹，增加空气流动速度，保证氧气比例。

②隧道内作业人员应佩戴符合要求的口罩。

③隧道内应有照明、排风等设施，作业人员应穿反光背心。

④隧道照明设施必须完善，直至机电照明完成（在移交前由土建施工单位承担，移交后由其他施工单位共同承担）。

6.2 基层与底基层

（1）《公路工程施工安全技术规范》（JTG F 90—2015）中的规定

①施工现场出入口、沿线各交叉口等处应设明显警示、警告标志，并应设专人指挥。（7.1.2）

②开挖下承层沟槽或施作伸缩缝应设置明显的安全警示标志。（7.1.4）

③拌和作业开机前应警示，拌和机前不得站人，拌和过程中人员不得跨越皮带或调整皮带运输机。（7.2.2）

④整平和摊铺作业应临时封闭交通、设明显警示标志，下承层内的各类检查井口应稳固封盖，辅助作业人员应面向压路机方向作业，设备之间应保持安全距离。（7.2.4）

⑤多台压路机同时作业时，各机械之间应保持安全距离。（7.2.5 第 1 条）

（2）对应《交通运输企业安全生产标准化建设评价管理办法》指标

①第 6 部分第 1 点第 2 条：按有关规定配足有效的安全防护、环境保护、消防、救生设备及器材。

②第 6 部分第 1 点第 4 条：按规定设置设施设备安全警告标志、指示牌。

③第 9 部分第 5 点第 1 条：在存在危险因素的场所和设备设施，设置明显的安全警示标志，警示、告知危险种类、后果及应急措施。

（3）示例

①现场作业车辆、机械应配备作业警示灯。

②单幅施工完成后应设置路栏或水马，半幅施工区与行车道之间应设交通路锥。

③夜间施工应设置警示灯或太阳能爆闪灯。

交通防护如图 6-35 所示。

图 6-35　交通防护

6.3　沥青面层

（1）《公路工程施工安全技术规范》（JTG F 90—2015）中的规定

①喷洒前应做好检查井、闸井、雨水口的安全防护。（7.3.1 第 1 条）

②小型机具洒布沥青时，喷头不得朝上，喷头 10 m 范围不得站人，不得逆风作业。（7.3.1 第 3 条）

③大风天气，不得喷洒沥青。（7.3.1 第 4 条）

④沥青储存地点应配备灭火器、消防砂等消防设施，并应设置警示标志。（7.3.2）

⑤沥青脱桶、导热油加热沥青作业应采取防火、防烫伤措施。（7.3.3）

⑥拌和过程中人员不得在石料溢流管、升起的料斗下方站立或通行。（7.3.4 第 2 条）

⑦沥青拌和站应配备灭火器、消防砂等消防设施。（7.3.4 第 4 条）

（2）对应《交通运输企业安全生产标准化建设评价管理办法》指标

①第6部分第1点第2条：按有关规定配足有效的安全防护、环境保护、消防、救生设备及器材。

②第6部分第1点第4条：按规定设置设施设备安全警告标志、指示牌。

③第9部分第5点第1条：在存在危险因素的场所和设备设施，设置明显的安全警示标志，警示、告知危险种类、后果及应急措施。

消防设施如图6-36所示。

图6-36　消防设施

（3）示例

①施工机械上及沥青拌合站应合理配备消防器材。

②摊铺设备暂时停放，周围必须设置水马或隔离设施封闭，并设置警示标志，夜间须有发光或反光装置。

③作业区两端应设置路栏，实行交通管制，夜间路栏上应设置施工标志灯或反光标志。

④施工路段与村庄毗邻应设置防护栏。

⑤拌合站蓄水池、积水井边缘、沥青储罐处必须设安全护栏。

⑥有坡道上料区两侧应设置防撞墩，料仓下方应设置防护栏杆或用钢板

焊接覆盖。

作业区两端封闭隔离、储存罐隔离防护和上料区防撞墩如图6-37—图6-39所示。

图6-37　作业区两端封闭隔离

图6-38　储存罐隔离防护

图 6-39　上料区防撞墩

6.4　路基路面工程四新技术示例

6.4.1　倒车雷达影像系统

倒车雷达影像系统是针对路基工程施工机械（装载机）和运输车辆倒车视野不佳而配置的，主要由主机、摄像头、显示器、线材等配件组成。倒车时，摄像头自动启动并将车后环境清晰地反映到显示屏上面，让驾驶员直观了解车后环境。另外，超声波探头精准探测车后障碍物距离及方位且在显示屏上显示，同时发出蜂鸣警示声，从而使驾驶员在探测范围内能方便地判断车后障碍物的距离、方位和所在区域，达到安全倒车的目的。该系统具有防水、防震、防干扰、探测距离远等优点。其主要功能有显示屏显示车后实物环境，并明确提示实物与车的距离，方便驾驶人员判断；全天候监测车后的人或物体；在 5 m 之内显示屏开始显示障碍物距离，并且有蜂鸣警示声或指示灯提示。蜂鸣警示声或指示灯逐级报警提示：车与障碍物距离越近，蜂鸣器声音越急促，指示灯闪烁越快，小于等于 0.4 m 时蜂鸣警示声长鸣或指示灯长亮。每个探头对应一个点，明确障碍物的方位，方便驾驶人员判断。显示系统在打开汽车电源时即可工作，但倒车系统（如图 6-40 所示）只在倒车时才能工作，独特设计保证产品寿命；红外线摄像头夜视效果佳，夜晚也能清晰显示车后情况。

图 6-40　倒车系统

6.4.2　智能路面

智能路面通过嵌入传感器和通信设备，实现对路面状况的实时监测，如路面温度、交通流量、路面病害等。在此基础上，可以进行智能化养护和管理，提高道路的使用性能和服务水平。

7 信息化、智能化应用

本章主要包括人员、设备管理和部分施工管理数智化。目前推动工程项目数智化已是大势所趋，围绕施工项目的人机料法环测的施工要素，采用与智慧工地相关的新技术，使现场施工过程管理、安全管理、人员管理、绿色施工等管理内容更加智能，改善传统模式数据填报工作量增加、数据不及时等情况。

7.1 安全管理数字化

结合项目数字化转型，全面开发智监云 App，完成电子围栏绘制升级，通过电子围栏全面实现"一点三员"定位管理，提升电子围栏精度在主线 50 m 内，有效解决了现场管理人员不在岗的问题。

系统研发智监云 App 隐患排查模块，将现场隐患类别、细目清单化，并加入"质量安全红线"内容，明确各项隐患是否涉及红线，参建各方通过智监云 App 隐患排查模块实时上传现场隐患和整改闭合图片，做到全过程留痕，实现安全隐患闭环管理，有效解决人员在岗不履职的问题。智监云 App 安全隐患排查界面如图 7-1 所示。

< 　　　　　　　表单列表　　　　　　　 ▽

安全隐患排查　　　　　　　　　　　　　　进行中
问题类型：　安全管理安全检查和管理
问题描述：　未按要求对施工现场进行日常安全巡视…
整改期限：　2020年10月17日
胡丁丁　　　　　　　　　　　　2020-10-13 16:05:12

安全隐患排查　　　　　　　　　　　　　　进行中
问题类型：　安全管理安全检查和管理
问题描述：　未按要求对施工现场进行日常安全巡视…
整改期限：　2020年10月17日
胡丁丁　　　　　　　　　　　　2020-10-13 15:52:57

安全隐患排查　　　　　　　　　　　　　　已完成
问题类型：　隧道工程洞身开挖
问题描述：　逃生通道未有效连接，或连接不牢固
整改期限：　2020年10月16日
胡丁丁　　　　　　　　　　　　2020-10-12 17:17:37

安全隐患排查　　　　　　　　　　　　　　已完成
问题类型：　隧道工程洞身开挖
问题描述：　开挖台车无临边防护栏杆
整改期限：　2020年10月16日
胡丁丁　　　　　　　　　　　　2020-10-12 17:05:43

图 7-1　智监云 App 安全隐患排查界面

7.2 远程视频管控智慧化

在门禁、班前会讲台、危大工程施工点等处设置视频监控，实现远程检查、远程指挥功能，配合执法记录仪对现场"三违"现象记录留档，多措并举，形成现场安全监管强大威慑。洞内监控施工如图 7-2 所示。

图 7-2　洞内监控施工

7.3 特种设备监管智慧化

在龙门吊、架桥机等特种设备安装人脸、指纹等生物识别设备，精确识别、匹配特种设备作业人员信息，实现专人专用。安装特种设备安全监控管理系统，实时监控起重量、起升高度、起升速度等安全数据。龙门吊监测预警系统如图 7-3 所示，龙门吊行进智能预警系统如图 7-4 所示。

图 7-3　龙门吊监测预警系统

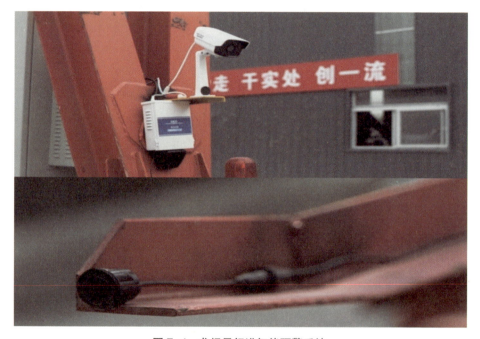

图 7-4　龙门吊行进智能预警系统

7.4　施工车辆预警智慧化

路面施工设备安装 360° 视频监控和倒车影像系统、防碰撞系统，有效防止人员、车辆、机械伤害。倒车雷达影像如图 7-5 所示。

图 7-5　倒车雷达影像

7.5　智慧梁厂

　　在预制厂采取安全帽智能识别、龙门吊准确定位和安全智能传感、二级配电箱人脸识别，无感显示梁厂电工巡检记录、配电箱流、温度等智慧化管理措施。智慧梁厂如图 7-6 所示。

图 7-6　智慧梁厂

拌合站启用和搅拌机机罩开启、闭合均安装人脸识别系统，消除因非专业人员私自启动作业带来的安全隐患。另外，设置机罩联锁装置，在机罩打开期间拌合站主机将处于断电状态，防止人员在拌缸内作业时主机突然启动，造成人员伤亡。安全帽智能识别及语音提示系统如图7-7所示。

图 7-7　安全帽智能识别及语音提示系统

7.6　智慧隧道

智慧隧道利用超宽带定位技术实现洞内作业人员与设备准确定位，通过洞内视频监控掌握施工动态，通过隧道全过程施工工序 BIM（Building Information Modeling）建模实现班组可视化交底。隧道人员与设备定位、隧道施工人员可视化、BIM可视化交底、应急指挥中心如图7-8—图7-11所示。

图 7-8　隧道人员与设备定位

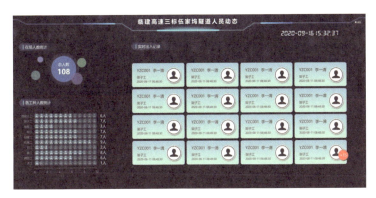

图 7-9　隧道施工人员可视化

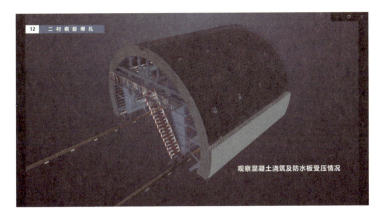

图 7-10　BIM 可视化交底

图 7-11　应急指挥中心

7.7 路面施工智控中心

临建高速 TJ03 标段设有路面施工智控中心，可实时监测路面场站的 PM10、PM2.5、湿度、温度、风向、噪声、风力、风速等 8 项指标，并对实时上传的数据进行统计分析，及时纠偏现场异常指标。

路面智控中心还配有门禁系统，可通过电脑终端实时掌握关键工位人员的施工情况，并可对进出场站的人员、车辆信息进行自动识别、统计、记录，实现人员、车辆和设备进出的信息化管控。路面施工如图 7-12 所示。

图 7-12　路面施工